Elogios para
Los siete principios del Camino de Santiago

«*Los siete principios del Camino de Santiago* imparte lecciones vitales y de liderazgo universales. Después de terminarlo no sabía qué hacer primero: si compartir el libro con mi equipo sénior o comprarme un billete de avión y empezar yo solo mi viaje».

—Scott Kubly, director del Departamento
de Transporte de Seattle

«Arraigado en la historia y a la vez completamente relevante hoy en día, este libro de Victor Prince guía a los lectores en un recorrido por sus descubrimientos, que pueden resultar de gran valor para todas nuestras experiencias diarias».

—Suzanne Tager, directora sénior del Departamento de Minoristas
y Bienes de Consumo en la consultoría Bain & Company

«La mayoría de las personas tienen dos montones de libros al lado de su cama: libros que leen para el trabajo y libros que leen por placer. *Los siete principios del Camino de Santiago* es el único libro que leerás este año que podría estar en ambos montones».

—Paul Smith, autor *best seller* de
Lead with a Story y *Sell with a Story*

«*Los siete principios del Camino de Santiago* te lleva en un recorrido que jamás olvidarás. Un relato apasionante que te cautiva y sacude a la vez que imparte grandes lecciones de vida y liderazgo. ¡Otro maravilloso libro de Victor Prince!».

—Brigette Hyacinth, fundadora y directora de
MBA Caribbean Organisation

«Victor Prince no solo comparte valiosas lecciones y descubrimientos de su peregrinación por el Camino, sino que va más allá. A través de este recorrido nos guía para aplicar esta nueva perspectiva en los aspectos más significativos de nuestras vidas. Y, al hacerlo, nos convertimos en mejores líderes, mejores padres y mejores personas».

—Sally Tassani, presidenta de The Strategy Forums

«Deja que Victor Prince sea tu guía a través de este soplo de aire fresco repleto de lecciones y absolutamente cautivador. Prince extrae lecciones sobre liderazgo con perspicacia sobre el famoso sendero, desde el poder de vivir cada momento hasta aprender a pedir ayuda u honrar a tus predecesores. Si un "Buen Camino" no está en tu itinerario, este libro te acercará al máximo al poder absolutamente transformador del alabado Camino. Es como un Máster en Administración de Empresas para el alma».

—Scott Mautz, autor de *Find the Fire: Ignite Your Inspiration & Make Work Exciting Again*

Los siete principios del
Camino
de
Santiago

Los siete principios del
Camino
de
Santiago

LECCIONES DE LIDERAZGO
EN UNA CAMINATA POR ESPAÑA

VICTOR PRINCE

HarperCollins *Español*

© 2018 por HarperCollins Español
Publicado por HarperCollins Español, Estados Unidos de América.

Título en inglés: *The Camino Way: Lessons in Leadership from a Walk Across Spain*
© 2017 por Victor Prince
Publicado por AMACOM, New York, NY.

Esta publicación está diseñada para proporcionar información precisa y autorizada con relación a la materia tratada. Se vende con el entendimiento de que la editorial no está involucrada en la representación legal, contable o de otros servicios profesionales. Si se requiere asesoramiento jurídico o de otros expertos, se deben solicitar los servicios de un profesional competente.

Editora en Jefe: *Graciela Lelli*
Traducción y adaptación del diseño al español: *www.produccióneditorial.com*

ISBN: 978-1-41859-871-6

Impreso en Estados Unidos de América
18 19 20 21 22 LSC 7 6 5 4 3 2 1

Para José G. Valiño

Agradecimientos

ESTE LIBRO HA SIDO POSIBLE GRACIAS A LA AYUDA DE MUCHAS PERSONAS maravillosas. Quiero expresar mi agradecimiento más profundo hacia todas ellas.

A todas las personas que viven, trabajan y colaboran como voluntarios en el Camino de Santiago, muchas gracias a todos por la amabilidad y ayuda que brindan a los peregrinos.

A todas las organizaciones sin ánimo de lucro que respaldan al Camino de Santiago y a los peregrinos, muchas gracias por su trabajo. Para poder aportar yo también, me comprometo a ofrecer una porción de las regalías de este libro a American Pilgrims on the Camino, una organización sin ánimo de lucro dedicada al Camino de Santiago.

A mis compañeros peregrinos de todo el mundo que amablemente compartieron sus historias del Camino conmigo para este libro: Adel de Sudáfrica, Alain de Francia, Allan de Australia, Andi de los EE. UU., Anja de Dinamarca, Anja de Alemania, Anne de Australia, Antonella de Italia, Arminelle de Australia, Bill de Canadá, C. de Irlanda, Carl de Bélgica, Carmen de Alemania, Carol de los EE. UU., Chris de Canadá, Chris de los EE. UU., Christa de los EE. UU., Christopher del Reino Unido, Christopher de los EE. UU., Colm de Irlanda, Daniel de España, Donal de Irlanda, Dave de los EE. UU., Deb de Australia, Deirdre de los EE. UU., Derek de Escocia, Dolores de Irlanda, Edna de los EE. UU., Eileen de los EE. UU., Eileen del Reino Unido, Erik de los EE. UU., Felicity del Reino Unido, Francesca de Italia, Gail de Australia, Gemma de Irlanda, Gerri de Australia, Grace de los EE. UU., Hans de Bélgica,

Jackie de los EE. UU., James de los EE. UU., Jo Anne de los EE.
UU., Joan de Irlanda, Joann de los EE. UU., Jodi de los EE. UU.,
John de los EE. UU., John de Irlanda, John de los Países Bajos,
Jonathan de Irlanda, Judith de Australia, Kailagh de Nueva
Zelanda, Karen de los EE. UU., Kat de los EE. UU., Kathleen de
los EE. UU., Katie de los EE. UU., Kenneth de Bélgica, L. de Canadá,
Larry de Australia, Leah de los EE. UU., Lorraine de Irlanda, Lysa
de Inglaterra, Marc de los EE. UU., Marianne de Irlanda, Mario
de Alemania, Maryanne de los EE. UU., Maryjane de los EE. UU.,
Michael de Irlanda, Michelle de Canadá, Oihana de Irlanda, Ondrej
de la República Checa, Pam de los EE. UU., Patrick de los EE.
UU., Pearl de Nueva Zelanda, Peter de los Países Bajos, Pierre
de Alemania, Raine de Nueva Zelanda, Roberta de Canadá, Rose
de Sudáfrica, Rosie de Australia, Sandy de los EE. UU., Shannon
de Canadá, Shelley de los EE. UU., Sophie de Francia, Stefanie
de Alemania, Stephen de Inglaterra, Steve de Irlanda, Steve de los
EE. UU., Tammy de los EE. UU., Tania de Canadá, TC de Alemania, Terry de Inglaterra, Tiera de Hawái, «Texas» Tim de los EE.
UU., Tina de Suecia, Tony de California, Trevor del Reino Unido,
Valerie de Canadá, Wendy de Australia y Wijnand de los Países
Bajos. Tras leer sus historias, tuve la sensación de haberlos conocido a cada uno en la meseta, conversando hasta olvidar el calor y
las ampollas. Gracias por compartir su parte del Camino conmigo.

A mamá y papá, por todo.

A Tina, por el respaldo y la inspiración que me han hecho mejor
escritor y hombre.

Al Equipo Prince, por toda su colaboración para ayudarme a
despejar el camino y poder escribir el libro del que no les paraba
de hablar.

A mi familia del Camino de los Estados Unidos, el Reino Unido, Irlanda, Bélgica, Nueva Zelanda, Suecia, Canadá, Alemania y
Francia. Gracias por compartir su Camino conmigo.

A Giles Anderson, por ser mi agente literario favorito.

A Anne Prince, por su ayuda con la investigación para este libro.

A Stephen S. Power, Timothy Burgard y el equipo de AMACOM, por darme una oportunidad y sacar lo mejor de este libro.

A Miranda Pennington, Phil Gaskill y el equipo de Neuwirth and Associates, por su excelente trabajo de edición y producción.

A Mike Figliuolo, por enseñarme a convertir una idea en un libro.

Al Indianapolis Museum of Art, el Indianapolis Art Center y la biblioteca Karlstads Universitets Bibliotek, por ofrecerme lugares tan productivos e inspiradores para escribir este libro.

A The Fellas, The Four Amigos, The Brotherhood, The Gang, por muchos años de amistad, pasados y por venir.

A todos mis amigos, familiares, compañeros y vecinos que me han preguntado en algún momento cómo iba «El Libro»: escribir un libro es un recorrido solitario e inexplorado sin una meta final garantizada. Incluso el gesto más pequeño de interés y apoyo ha significado mucho más de lo que pueden creer.

Contenido

Introducción

A mitad del andar de nuestra vida
extraviado me vi por selva oscura,
que la vía directa era perdida.

—PRIMERA LÍNEA DE LA DIVINA COMEDIA DE DANTE

DI LA ÚLTIMA PEDALADA Y DEJÉ QUE LA BICICLETA SIGUIERA SOLA TANTO como pudiera. Cuando finalmente se detuvo, pude contemplar ante mí cómo el Danubio se deslizaba ante el espectacular edificio del Parlamento húngaro. Tras un mes había completado mi lista de cosas por hacer en mi viaje en bicicleta por el corazón de Europa. Me sentía agotado. Había terminado otra etapa de mi vida. Pero también tenía la sensación de que faltaba algo.

Cuando era pequeño, me marqué dos objetivos: ser presidente y ver el mundo. Mi incapacidad para ver que una cosa iba de la mano de la otra revela mi inocencia de entonces. En algún momento entre mi infancia en el Medio Oeste de los Estados Unidos y mi carrera universitaria en Washington D. C., me di cuenta de que nunca iba a llegar a ser presidente. Decidí conformarme con quedarme un peldaño por debajo en la carrera del servicio público: dirigir una agencia federal. Antes de graduarme de la universidad ya había conseguido un muy buen puesto como funcionario y pude empezar a escalar posiciones antes que los demás. Mis compañeros de trabajo me apodaron «Doogie», como un famoso personaje de televisión en aquellos tiempos que era un doctor adolescente. Al trabajar con los responsables y líderes del gobierno advertí que a menudo habían conseguido llegar a la cima teniendo primero una carrera empresarial de éxito y dedicándose posteriormente al servicio público. Así que dejé el gobierno para ir a la escuela de negocios y empezar una nueva carrera. Mi trayectoria empresarial fue buena, pero no acababa de resultarme inspiradora, así que tras unos años volví al servicio público. Me convertí en miembro del gabinete de un alcalde de una gran ciudad y después en el director ejecutivo de una agencia gubernamental federal.

Había conseguido llegar a un peldaño por debajo de lo que me había propuesto en la universidad y advertí que ya no quería ir más lejos. El gobierno federal había cambiado mucho desde que me marqué mi objetivo, así que di por cumplido ese punto de mi lista.

Tenía cuarenta y pocos años. La sensación era satisfactoria y desconcertante a la vez. ¿Qué hace uno cuando ha conseguido el objetivo que se había marcado para su carrera antes de que esta termine?

Así que me centré en mi segundo objetivo adolescente: ver el mundo. Cuando era pequeño, mis padres me regalaron una maleta y un globo terráqueo para Navidad. Años después los científicos identificarían el gen *wanderlust*, pero, al parecer, mis padres me lo diagnosticaron bastante antes. Para cuando llegué a mis cuarenta y tantos ya había vivido en diez ciudades diferentes y viajado por cuatro continentes. Nunca permití que mis cambios de vivienda se interpusieran en mi trayectoria profesional, aunque estos sí que impactaron en el resto de las áreas de mi vida.

Durante ese tiempo me aficioné a hacer rutas de larga distancia en bicicleta; para mí eran la mejor manera de experimentar el viaje. Me encantaba la idea de viajar con un objetivo: ir de un pueblo a otro, cruzar un estado, cruzar un país. Hice muchas rutas en bicicleta. De Pittsburgh a Washington D. C. De Montreal a Quebec. Crucé el estado de Nueva York por el canal Erie. Hice muchas rutas largas, pero solo si cumplían tres criterios: que pareciera impresionante poder contar que las había hecho, que no tuviera que acampar y que pudieran hacerse en unas vacaciones normales.

Ahora que me iba a tomar un periodo sabático en mi carrera podía hacer un recorrido que durara más de una semana. La ruta en bici por el Danubio cumplía a la perfección con mis criterios. Si hacía unos ochenta kilómetros al día en bici, seguro que podría ver mucha Europa. Había sitios donde dormir y comer a lo largo de todo el recorrido y, como seguía el río, no había desnivel. Era perfecto.

Pero mientras admiraba la inesperada belleza de Budapest, me sentí más vacío que realizado. Mi mes en bicicleta fue el mes más solitario de mi vida. Cada noche estaba en un pueblo o ciudad diferente. No es fácil ir conversando con otros mientras vas a toda velocidad en la bici. El ciclismo es una forma magnífica de disfrutar del paisaje, pero no va demasiado bien para conocer a gente.

Yo quería estar solo como parte de mi periodo sabático. A lo largo de mi carrera había ido dirigiendo equipos cada vez más grandes. En el puesto como director ejecutivo que acababa de dejar dirigía a un equipo de cientos de personas. Me encantaba liderar equipos y ayudar a los demás a desarrollarse, pero tras dos décadas, necesitaba un poco de tiempo a solas para recargar las pilas.

En cuanto regresé de Budapest empecé a buscar otra ruta. En esta ocasión opté por el senderismo en vez del ciclismo para tener una experiencia más social.

Me sorprendió ver que hay muy pocas rutas en el mundo en las que puedes caminar durante treinta días sin acampar. Y el recorrido que encabezaba todas las listas, una y otra vez, era la peregrinación por el Camino de Santiago que cruza España. Durante más de mil años, los peregrinos han caminado cientos de kilómetros para llegar a la catedral de Santiago de Compostela, en España, y ver el santuario donde se hallan los restos mortales del Apóstol Santiago.

El Camino era perfecto para una personalidad como la mía, de tipo A, enfocada en los resultados. Cada noche iba a recibir un sello en mi cartilla para demostrar que había terminado el día con éxito. Y si lograba la cantidad de sellos suficiente, me darían un certificado al terminar. ¿Cómo podía ser que todavía no hubiera hecho este recorrido? Era perfecto.

El Camino era la clara elección de mi lista, pero sus raíces religiosas me echaron un poco atrás. Aun así, tras investigar el tema, descubrí que el Camino podía ser religioso o no, según el viajero decidiera hacerlo. Tracé mi itinerario, metí en la mochila todo lo que iba a necesitar para un mes y me fui a España en avión.

Los siguientes treinta días en el Camino acabaron siendo la mejor aventura en la que jamás me he embarcado. Pero por encima de los bellos paisajes, de la historia y de la estupenda compañía que esperaba encontrar, lo más importante fue cómo se me abrieron los ojos.

Encontré entendimiento e inspiración, pero no solo en el aspecto de «encontrarse con uno mismo» que tantos peregrinos experimentan. Muchos de mis descubrimientos fueron sobre lo que hago cuando no estoy de vacaciones: dirigir a los demás en mi trabajo.

Durante mi trayectoria profesional he aprendido muchísimo sobre liderazgo. En el Máster en Administración de Empresas (MBA) en la Wharton School de la Universidad de Pensilvania aprendí mucho sobre la teoría y la historia del liderazgo en el lugar de trabajo. Como consultor he podido trabajar con líderes de muchos sectores y países. Como ejecutivo, he dirigido a personas en distintas actividades como, por ejemplo, capital humano, finanzas, instalaciones, compras, gestión de proyectos, tecnologías de la información y centros de contacto con clientes. Y, como casi todo el mundo, he tenido muchos jefes de los que aprender.

El Camino me ofreció un nuevo e inesperado taller donde instruirme sobre el liderazgo. Cada día se presentaban nuevos desafíos que tenía que superar. Conocí a docenas de peregrinos de todo el mundo y aprendí sobre sus trayectorias profesionales.

El Camino también me concedió tiempo para reflexionar. Entre los distintos momentos sociales con otros peregrinos hubo largos periodos de soledad. Me descubrí recordando interacciones y decisiones de mis últimos años de trabajo; mi mente se centraba en lo que me habría gustado hacer de otro modo. Empecé a imaginar cómo podría haber hecho las cosas de forma distinta si hubiera sabido todas esas lecciones que el Camino me estaba enseñando.

Tras llegar a casa empecé a escribir estos descubrimientos y a compartirlos en mi blog de estrategia y liderazgo. Cada entrada del blog describía cómo las distintas experiencias en el Camino me habían enseñado nuevas lecciones de liderazgo o refrescado otras ya sabidas. Estas entradas se hicieron virales. Mi blog encontró un filón en los miles de personas de todo el mundo que habían disfrutado de aventuras como el Camino o que aspiraban a hacerlo. También conectaron con aquellas en busca de nuevas formas de aprender sobre las disciplinas de dirección tradicionales. Muchos lectores me animaron a escribir un libro. Su apoyo me convenció de que habría un público que le daría la bienvenida. Y la inyección de confianza en mí mismo que conseguí al completar el Camino me persuadió de que podría emprender una nueva aventura: escribir este libro.

EL CAMINO DE SANTIAGO

CAPÍTULO 1

La historia del Camino de Santiago

EN LA PRIMERA MITAD DEL SIGLO IX, UN OBISPO ESPAÑOL LLAMADO
Teodomiro decidió investigar unos avistamientos de luces y sonidos
extraños provenientes de una colina en el noroeste de España. Tras
subir a la loma, el obispo descubrió un lugar con tres tumbas y
declaró que una de ellas contenía los restos del Apóstol Santiago,
uno de los doce discípulos de Jesús.[1] Según la leyenda del Camino,
Jesús encomendó a sus discípulos que recorrieran distintas partes
del mundo y extendieran su nueva fe. Santiago se dirigió a España
y, posteriormente, volvió a Judea, donde las autoridades locales lo
mataron. Sus seguidores pusieron su cuerpo, sin acompañantes, en
un bote, y lo soltaron a la deriva en el mar Mediterráneo. El bote
fue flotando sin rumbo hasta llegar a la costa de la esquina noroeste
de España, donde fue arrastrado hasta la playa, cubierto de con-
chas de vieira. Los lugareños encontraron el bote y enterraron los
restos en un cerro cercano. Ese santuario fue el que el obispo Teodomiro declaró haber descubierto unos ochocientos años después.[2]
Para celebrarlo, el rey ordenó que se construyera una pequeña
iglesia sobre la tumba.[3] Corrió la voz sobre el descubrimiento y la
gente empezó a visitar el sepulcro. En el año 950, Gotescalco, un
intrépido obispo proveniente de Le Puy, Francia, viajó 130.000 kilómetros para ver el santuario y «pedir la misericordia y ayuda de
Dios y de Santiago», con lo que se convirtió en el primer peregrino
cuya visita quedó registrada.[4]

Para entender cómo se desarrolló el Camino de Santiago tras ese
primer peregrino, puede ser útil conocer cómo se trazaron otras
rutas de peregrinación en la historia de Europa antes del Camino.

Incluso en los tiempos previos al Imperio romano ya existía la costumbre de visitar terrenos sagrados para obtener ayuda espiritual.[5] Los peregrinos de Europa probablemente empezaron dirigiéndose a Jerusalén y a otros sitios históricos del cristianismo (es decir, «Tierra Santa») a partir del siglo II o III.[6] Para cuando llegó el siglo IV, la peregrinación a Tierra Santa seguramente ya era un concepto bien establecido, con la Biblia como guía.[7]

Una vez que la idea de peregrinación cristiana se convirtió en algo común, en el siglo VIII apareció un nuevo destino de peregrinaje que compitió con Tierra Santa: Roma. Como capital de la creciente Iglesia católica, Roma contaba con sus propios lugares religiosos como atracción, además de las ruinas del Imperio romano. La expansión de la Iglesia católica al norte de Europa alrededor de ese tiempo probablemente creó un movimiento natural de personas que iban y venían a la capital de la iglesia.[8] Además de la atracción que suponía Roma, para los peregrinos europeos también era un destino más fácil que Tierra Santa: no solo estaba más cerca, sino que estaba bajo control cristiano. La red de antiguas carreteras que se había construido originalmente para conectar los territorios del Imperio romano con Roma seguramente también fue un factor positivo.

El aumento de peregrinos que iban a Roma ayudó a popularizar el concepto de peregrinaje. Aunque pocas personas llegaran a practicarlo, sí que había muchísimas que sabían qué era. Empezaron a aparecer referencias a «peregrinos» en documentos históricos.[9] Roma y Tours, en Francia, se mencionaban como destinos religiosos, y hay indicaciones de que las personas consideraban la peregrinación como un modo de perdonar sus pecados.[10] Los peregrinos se identificaban por su aspecto distintivo, su ropa y equipaje.[11] Había nacido la «marca peregrino».

En el año 846, además de los peregrinos, llegaron a Roma unos visitantes muy poco bien recibidos en forma de un asalto árabe a gran escala que saqueó la ciudad.[12] Este fue el último de una serie de ataques árabes al sur, y la gente empezó a sentirse insegura en la capital.[13] Como resultado, Roma probablemente se convirtió en un destino de peregrinación mucho menos atractivo.

El descubrimiento de los restos de Santiago se declaró alrededor, aunque antes, del año 842 (el rey que ordenó la construcción de la primera iglesia en ese lugar murió ese año).[14] La coyuntura fue casualidad: justo cuando el concepto de peregrinación se había asentado, uno de sus mayores destinos, Roma, empezaba a perder su atractivo. Además, esa área en el norte de España había hecho retroceder a los invasores musulmanes en el siglo anterior.[15] Recibir un flujo constante de visitantes cristianos fue seguramente algo muy útil a la hora de mantener a los musulmanes a raya.[16]

El siglo que va desde la construcción del primer santuario para los restos del Apóstol Santiago hasta la primera visita registrada de un peregrino (Gotescalco, en el año 950) fue un periodo de intensa actividad. La época vikinga en Europa estaba en pleno apogeo, la pólvora empezó a usarse en batalla por primera vez en China, y el Imperio maya empezó a derrumbarse en las Américas «por descubrir». En la esquina noroeste de España, los agentes religiosos y reales se dedicaron con ahínco a promocionar su región como un nuevo destino de peregrinación. La pequeña iglesia del santuario se sustituyó por otra mayor en el año 899.[17] El rey Ramiro I estableció un tributo sobre las personas para la iglesia de Santiago.[18] El nieto de Ramiro, el rey Alfonso III, envió una carta en el año 906 al clero de Tours (otro lugar de peregrinación) en respuesta a sus preguntas sobre este nuevo santuario, con lo que se demuestra que estaba corriendo la voz sobre el lugar.[19]

Los dos siglos siguientes (entre el 950 y el 1150) también fueron agitados, con la invasión normanda de Inglaterra, la primera cruzada europea para recuperar Jerusalén, la fundación de las primeras universidades (la de Bolonia y la de Oxford) y la llegada de Leif Erikson a lo que hoy en día se conoce como Canadá. A la esquina noroeste de España llegaban cada vez más peregrinos para ver el

santuario a Santiago, y los lugareños construyeron infraestructuras para acomodarlos. A medida que los reyes cristianos de España
expulsaban a los árabes, iban dejando atrás carreteras y castillos
construidos para estas operaciones militares.[20] En el 1075 se empezó
a construir una nueva basílica, la catedral de Santiago de Compostela, y emergieron nuevos asentamientos en las rutas de peregrinación, como el Puente de la Reina, fundado en el año 1090.[21]

Además de la infraestructura física, los agentes locales de la iglesia, en concreto el obispo Don Diego Gelmírez (1100-1139), empezaron a sentar las bases religiosas para el paso masivo de peregrinos.
Gelmírez logró presionar con éxito a Roma para obtener el derecho
de conceder indulgencias y remisión de pecados en aquellos años
en los que la fiesta de Santiago Apóstol, el 25 de julio, cayera en
domingo.[22] Debido a que las indulgencias solo se solían conceder en
Roma, esto hizo que Santiago se convirtiera en un destino de peregrinación incluso más atractivo.

La última pieza de la infraestructura del Camino que surgió en
este periodo fue una innovación: la guía de viaje. Alrededor del
año 1140 salió de Santiago una compilación de documentos sobre
los milagros del Apóstol Santiago y la peregrinación a su santuario.
Esta compilación acabó siendo conocida como el *Codex Calixtinus*
(*Códice Calixtino*), que recibió su nombre por el papa Calixto II
(1121-1124), a quien el obispo Gelmírez había conseguido presionar
e inclinar a su favor.[23] Más allá del contenido religioso, una parte de
este códice se centraba en Santiago como destino y contenía información logística sobre el camino y cómo llegar.[24] Incluso contiene la
referencia más temprana conocida sobre el comercio de *souvenirs*
en la cristiandad occidental.[25]

En los cuatro siglos transcurridos entre la aparición del *Códice
Calixtino* y el inicio de la Reforma protestante (1517) sucedieron
muchas cosas. Cristóbal Colón, Marco Polo, Johannes Gutenberg y
William «Braveheart» Wallace vivieron en esta época. En el noroeste de España, la combinación de indulgencias y del *Códice Calixtino*

empezaron a hacer de Santiago de Compostela uno de los mejores destinos de peregrinaje. Los peregrinos empezaron a llegar desde Inglaterra antes del final del siglo XII.[26] En el siglo XV, el interés por Santiago había llegado incluso más lejos, con registros de peregrinaciones a Santiago desde Italia, Francia, Inglaterra, Alemania, Suecia y Polonia.[27,28] Sorprendentemente, este periodo de crecimiento coincidió con dos momentos trágicos de la historia europea: la plaga de la peste negra (en la década del 1340) y la guerra de los Cien Años (1337-1453).

Hay pocos registros de los motivos de las peregrinaciones, pero las historias que han sobrevivido hasta hoy se centran en la necesidad de recibir perdón por los pecados, voluntaria o involuntariamente. Por ejemplo, tras el asesinato de Tomás de Canterbury en el 1170, el rey inglés Enrique II prometió realizar una peregrinación como penitencia por su papel en el crimen y le pidió al papa que eligiera su destino entre Jerusalén, Roma o Santiago.[29]

Algunas peregrinaciones no eran para pedir perdón, sino ayuda. Entre 1456 y 1483, por ejemplo, cuatro ciudades distintas de España, Italia y Francia enviaron representantes a Santiago para pedir que las plagas se retiraran de sus ciudades.[30]

Puede que otros peregrinajes tuvieran motivos menos espirituales. Algunos viajes fueron probablemente tanto por turismo como por religión, como admitió un grupo de alemanes en 1387 en su carta para el salvoconducto.[31] Y, como siempre, puede que algunas peregrinaciones tuvieran motivos completamente opuestos a los espirituales, como las de aquellos que huían de la ley o de la servidumbre.[32]

¿Cuántos peregrinos hubo durante estos momentos de pleno apogeo del Camino de Santiago? No hay estadísticas fiables sobre cuántos llegaron a Santiago, pero puede que los siguientes datos nos ayuden a hacernos una idea de la magnitud de las peregrinaciones. Según un peregrino italiano de la década del 1600, el hospicio real de Roncesvalles alimentaba «hasta treinta mil peregrinos al año», un número que parece más una hipérbole que un dato fiable, pero que puede ayudarnos a formarnos una idea del número máximo de peregrinos en esa época.[33] Un registro del Hospital de la Reina del 1594 contabilizó 16.767 peregrinos, una media de 45 al día que podían llegar a convertirse en más de doscientos en algunas fechas.[34]

Fuera cual fuera el número de peregrinos de esta época dorada, seguramente eran solo una fracción de los cientos de miles al año que hay hoy en día. Por ejemplo, la cantidad estimada de 3.600 peregrinos que vinieron de Inglaterra durante todo el siglo XIV es inferior al número de peregrinos provenientes de Inglaterra en solo un año (5.417 en 2015).[35, 36] Aun así, cualquier cantidad por encima de los mil durante el siglo XV debería considerarse impresionante, dados los obstáculos del viaje y la población significativamente inferior que había en Europa.

La peregrinación del Camino empezó a disminuir en el siglo XII.[37] Durante el siglo anterior habían aparecido otros métodos aparte del peregrinaje para obtener indulgencias.[38] La Reforma protestante hizo que la reputación de las indulgencias bajara todavía más.

Parte del declive de la peregrinación del Camino también se debió a su popularidad. Registros del inicio del periodo sugieren que algunas personas pobres empezaron a usar el sistema de los hospicios no para la peregrinación, sino como el equivalente de un albergue para indigentes moderno.[39] El número de peregrinos iba disminuyendo, pero el coste de mantener los hospicios, creados para atender a muchas más personas, se mantenía. Los hospicios empezaron a vender sus terrenos para cubrir los costes operativos durante el siglo XVIII, y muchos cerraron o fueron destruidos durante las guerras napoleónicas.[40]

El Camino seguía lo suficientemente activo en 1779 para que John Adams, el futuro presidente de los Estados Unidos, comentara lo siguiente en su diario, durante un tramo de la ruta de peregrinación que recorrió en su viaje a través de España hacia Francia: «Bajo la suposición de que este es el lugar de sepultura del Apóstol

Santiago, hay un gran número de peregrinos que lo visitan cada año desde Francia, España, Italia y otras partes de Europa, y muchos lo hacen a pie».[41]

La peregrinación a Santiago nunca llegó a extinguirse, pero se cree que en 1979 solo setenta peregrinos hicieron el trayecto.[42] Entonces, un truco que ya había dado resultados anteriormente pareció devolverle la vida al recorrido: una nueva guía de viaje del Camino. Elías Valiña Sampedro, un sacerdote de un pueblo al lado del Camino, publicó la versión final de *El Camino de Santiago: Guía del peregrino* en 1985, y esta pasó a convertirse en el modelo para futuras guías.[43] Del mismo modo que pasó con la aparición del *Códice Calixtino* ochocientos años antes, en cuanto la guía salió al mercado la gente empezó a acudir a Santiago.

Y cuando los peregrinos empezaron a emprender el camino, también empezaron a escribir acerca de ello, como había sucedido cientos de años antes. Entre 1985 y 1995 se publicaron en inglés más de una docena de narraciones sobre la peregrinación.[44] El escritor brasileño Paulo Coelho publicó su propio libro sobre el Camino en 1987, un año antes de publicar *El alquimista*, su novela superventas. En el 2000 Shirley MacLaine, una famosa actriz norteamericana, publicó su propio relato sobre el Camino, que acabó convirtiéndose en un *best seller* del *New York Times*. La historia de un peregrino alemán en 2006 también se convirtió en un éxito de ventas en Alemania. La película de 2010 llamada *The Way (El camino)*, con Martin Sheen y Emilio Estévez, parece haber sido un factor clave a la hora de promover el conocimiento del Camino en los Estados Unidos: desde que apareció la película, las solicitudes para obtener la credencial americana para hacer el Camino se han cuadruplicado, desde las 1.600 de 2010 hasta las 6.400 de 2015.[45] Peregrinos de otros países señalan otros libros o películas recientes como lo que los ha inspirado a hacer el Camino. En resumen, el Camino de Santiago vuelve a estar en boga mientras se aproxima su cumpleaños número 1.300.

Once siglos después de esa primera peregrinación, en 2013, yo fui una de las 215.880 personas de todo el mundo registradas como peregrinos al mismo santuario.[46] Esa pequeña iglesia acabó convirtiéndose en la gran catedral de Santiago de Compostela, una ciudad española de unos cien mil habitantes que creció alrededor del santuario. Los demás peregrinos y yo hemos seguido casi la misma ruta exacta que los primeros peregrinos, que ahora se conoce de forma colectiva en español como el Camino de Santiago.

CAPÍTULO 2

El espíritu del Camino

Una credencial de peregrino del Camino, o el «pasaporte del peregrino».

EL CAMINO EMPIEZA CON UN DOCUMENTO Y TERMINA CON OTRO. ANTES
de empezar su viaje, los peregrinos reciben una credencial de peregrino. Yo recibí la mía de la American Pilgrims on the Camino,
una organización sin ánimo de lucro que ayuda a los peregrinos de
los Estados Unidos. Esa credencial tiene dos propósitos prácticos.
En primer lugar, sirve de identificación para los albergues de bajo
precio que solo están abiertos a los peregrinos. De este modo, los albergues pueden prohibir la entrada a aquellas personas que no son
peregrinos y que buscan alojamiento barato. Y en segundo lugar,
este pasaporte es donde los peregrinos van reuniendo sellos en cada
parada del camino para demostrar su recorrido. Cada albergue tiene un sello único con su nombre, ubicación y, en algunos casos, su
logotipo. Gracias a la fecha del sello, los albergues pueden aplicar
ciertas políticas para desalojar a los peregrinos pasado un día o dos
y hacer sitio para nuevos peregrinos.

Tras llegar al final del recorrido en Santiago, los peregrinos
pueden llevar su credencial sellada por completo para obtener el
documento del final del recorrido: la Compostela. La Compostela,
escrita en latín, es un certificado que atestigua que un peregrino
ha caminado al menos los últimos cien kilómetros del camino. Un
agente de la Oficina del Peregrino de la catedral de Santiago de
Compostela revisa la credencial de cada peregrino y le pregunta
cuál ha sido el punto de partida y el motivo de su viaje. Finalmente, el agente escribe el nombre del peregrino y la fecha en latín,
y le hace entrega de la Compostela con un último y oficial «Buen
Camino».

Siempre recordaré mi visita a esa oficina. Fue un día agridulce. Estaba eufórico por haber conseguido mi objetivo pero, a la vez, triste por terminar el viaje. Percibía las mismas emociones en los rostros de otros peregrinos que también estaban haciendo cola. Algunas de estas caras me eran familiares; muchas otras, desconocidas. Todos los peregrinos de cada ruta del Camino hasta Santiago de Compostela convergen en esa oficina en su último día. Cuando finalmente obtuve mi Compostela, lo primero que pensé fue que no sabía que mi nombre tuviera una forma latina, *Victorem*. Lo segundo que me pasó por la cabeza fue cómo proteger este nuevo documento, de valor incalculable, hasta tenerlo colgado en la pared de mi hogar.

Si mi casa se incendiara y solo pudiera rescatar un documento, elegiría mi arrugada y caótica credencial por encima de mi Compostela. El certificado de la Compostela me recuerda que logré superar el desafío de cruzar España a pie. Pero mi credencial es un recuerdo de cada paso que hice para llegar a conseguir ese certificado. El Camino es un ejemplo de la expresión de que «el viaje es su propia recompensa», y la credencial es un recordatorio de ese viaje.

El proceso de recibir un sello cuando te registras para pasar la noche en un lugar al final de la caminata diaria es un ritual esencial en la experiencia de cada peregrino. Del mismo modo que el sonido del mazo de un juez marca el final muchas ceremonias, el sonido que se oye al estampar un sello marca el cierre de cada día en el Camino. Para un ejecutivo orientado hacia los resultados como yo, esta era una forma de gratificación inmediata en este viaje aventurero. Otro día conseguido: ¡pam!, sello estampado.

Recuerdo cuando conseguí mi primer sello. Estaba muy emocionado, así que me tomé un *selfie*. Estoy seguro de que la mayoría de los peregrinos modernos también lo hacen. Recuerdo sentirme desbordante de entusiasmo durante el resto de ese primer día de camino; pedí un sello en cada parada para descansar o comer. Admirando mi colección de sellos mientras cenaba esa noche, me di cuenta de que pronto me quedaría sin espacio para ellos si seguía a ese ritmo. A partir de entonces, me limité a estampar mi cartilla solo al registrarme para pasar la noche en un sitio.

Me llevó unos cuantos días darme cuenta de que el verdadero regalo de esa credencial no era mi incipiente colección de sellos, sino más bien lo que había impreso en la parte posterior. Había leído por encima el escrito cuando la credencial llegó a mi buzón, pero el contenido me dejó indiferente. Ahora que ya estaba en el Camino, las frases empezaron a cobrar sentido. Bajo el título «El espíritu del Camino» había siete sencillos recordatorios de las cosas que los peregrinos deberían hacer en su recorrido. Me maravilló la combinación de simplicidad y profundidad que transmitían las palabras:

1. Dale la bienvenida a cada día, con sus placeres y desafíos

2. Haz que los otros se sientan bienvenidos

3. Comparte

4. Vive el momento

5. Ten presentes a aquellos que han venido antes que tú

6. Aprecia a los que caminan hoy contigo

7. Imagina a aquellos que te seguirán

Estos recordatorios no eran religiosos. Sencillamente, me parecieron actitudes útiles y llenas de sentido común que todo líder debería mostrar cada día. Leerlos me hizo darme cuenta de que no había estado siguiendo estos principios correctamente en mi vida profesional y personal.

Incluso aunque estuviera siguiendo una ruta de peregrinación, yo no me consideraba un peregrino. No iba en busca de ningún tipo de revelación al final de mi viaje. Principalmente, lo que más me interesaba era poder presumir de haber cruzado un país a pie. Quería colgar otro trofeo en mi pared que diera testimonio de mi gran aventura viajera.

Pero al leer estos principios, me di cuenta de que ese no iba a ser el objetivo de mi viaje. No iban a ser unas vacaciones de un viaje de aventura veraniego épico: esto iban a ser clases de recuperación de verano. Iba a tener que esforzarme a fondo para compensar mi desconocimiento u olvido de estas siete sencillas lecciones de liderazgo de la escuela de negocios.

PARTE II

APRENDER DEL CAMINO

Un marcador de ruta en el Camino de Santiago.

CAPÍTULO 3

Dale la bienvenida a cada día, con sus placeres y sus desafíos

TARDÉ QUINCE MINUTOS EN QUITAR TODOS LOS CARDOS QUE SE ME HABÍAN metido en los calcetines y pantalones. El camino cruzaba unos preciosos campos de espárragos y, sin saber cómo, acabé enzarzándome en unas malas hierbas. Tres ingleses a los que había adelantado anteriormente se detuvieron a preguntarme si estaba bien. Les dije que lo único que estaba herido en aquel momento era mi orgullo y nada más, así que sonrieron y siguieron caminando. Terminé contándoles la historia tomándome unas cervezas con ellos esa misma noche.

La historia empezó la noche anterior, tras leer una frase de otro peregrino que me hizo tener una epifanía: «En los hospicios puedes tener todo lo que quieras, excepto en el Hospital de Santiago: allí todo el mundo se burla de ti. Las mujeres del hospicio les gritan mucho a los peregrinos. Pero la comida es buena».[1] Lo que me había conmovido no era el contenido de la frase sino su origen, el diario de un alemán llamado Künig von Vach que había hecho el Camino hacía más de *cinco siglos*. Advertí que los placeres y desafíos a los que yo me enfrentaba no eran tan diferentes a los suyos. Del mismo modo que él, tenía que aprender a recibir tanto lo bueno como lo malo con los brazos abiertos. Los cardos de mis pantalones eran todo un desafío; la conexión que sentí con un peregrino de hacía varios siglos fue un placer. Y mi excursión alejándome del sendero del Camino para explorar las ruinas de un albergue de hacía varios cientos de años me había concedido las dos cosas.

Al entrevistar a docenas de otros peregrinos mientras escribía este libro, me di cuenta de que ellos también habían aprendido a recibir y darles la bienvenida tanto a los placeres como a los desafíos de cada día en el Camino. En palabras de Hans, un consultor de

Bélgica: «Tenía la sensación de que cada día había sido magnífico, aunque no hubiera sido así... El placer y los desafíos ya no eran dos extremos opuestos, sino una mezcla desdibujada de sentimientos. Yo le di la bienvenida a todo el conjunto». O, según explicó Erik, un padre de los Estados Unidos: «Tenía que tener muy presente cada paso que daba con el pie que no tenía tan lleno de ampollas dolorosísimas. Aprendí a "disfrutar" cuando podía apoyar el pie "bueno"». Domenico Laffi, un peregrino italiano del Camino de alrededor del 1600, resumió un día de placeres y obstáculos en el Camino de la siguiente forma en su diario: «Aquí nos sobrevino una violentísima tormenta, con viento y lluvia, que casi nos deja muertos. Pero acto seguido apareció un sol abrasador que nos secó la ropa. Así que pudimos seguir colina a través».[2]

Cuando oí por primera vez el consejo del Camino «Dale la bienvenida a cada día, con sus placeres y desafíos», me vino a la mente la imagen de una persona atractiva en pijama, levantándose, desperezándose y abriendo una ventana para dejar entrar el sol y la brisa de la mañana. Con solo pensarlo me apetecía tomarme una taza de café. Fue después de meterme de lleno en el ritmo del Camino que este consejo pasó a ser algo más que un recordatorio de innumerables anuncios de café. Empecé a ver cada día no solo como una unidad de tiempo que divide una semana o un mes, sino como una experiencia en sí mismo. Cada día en el Camino parece una semana, porque hay muchísimas experiencias en las mismas veinticuatro horas. Aprendí a recibir cada día con los brazos abiertos, de forma significativa. Al poner esto en práctica en el Camino, vi que también podría resultarme útil en mi vida laboral.

Dale la bienvenida a cada día con un objetivo razonable

Caminar cientos de kilómetros a través de España es un objetivo que impone respeto. Los peregrinos aprenden a dividir ese enorme objetivo en piezas más pequeñas. Anne, una psiquiatra de Australia, resumió su manera de abordar cada día de la forma siguiente: «Solo tienes que pensar en el día que tienes por delante; si te centras en la meta grande, es demasiado. Yo ahora aplico esto al escribir: una página cada día termina convirtiéndose en un libro». Rosie, una asistente personal de Australia, aprendió a empezar el día con un objetivo sencillo: «Cada mañana hacíamos una pequeña plegaria por las personas a las que podríamos ayudar, por las que nos podrían ayudar a nosotros y por las que conoceríamos. Sigo teniendo esto en mente cada mañana e intento ayudar a alguien cada día, incluso aunque solo sea con un detalle».

Antes del Camino, mi trabajo me resultaba intimidante. Como director ejecutivo, era el responsable final de todos los objetivos de mi departamento. Eso significaba que tenía que hacer un seguimiento de docenas de actividades dirigidas a esos objetivos. Cada proyecto, programa, iniciativa y demás actividades tenían sus propios plazos y parámetros que determinaban si estaban funcionando correctamente. Para seguir el ritmo de todo esto, mis días estaban marcados por un apretadísimo calendario repleto de reuniones, cada una en un lugar distinto. Cada día era como hacer malabarismos con distintas pelotas. Me resultaba difícil cambiar el enfoque de un tema a otro en cada reunión. Me preocupaba que se me escaparan cosas. Al final de la jornada tenía la sensación de haberlo dado todo, pero no estaba seguro de si el día había ido bien o no. Lo único que sí sabía era que a la mañana siguiente me esperaba otra jornada exactamente igual.

Recorrer el Camino a través de España fue uno de los meses más agotadores y más relajantes de mi vida. La parte agotadora fue física: estuve caminando veinticuatro kilómetros al día durante un mes, con una mochila pesada. La parte relajante fue mental: la vida en el Camino es sencilla. Mi destino estaba claro. Mi ruta para llegar estaba marcada de manera inequívoca. Llevaba todo lo que necesitaba cargado a la espalda.

Una mañana recorrí una parte del trayecto con Salvador, un hombre de Brasil. Como yo, su ritmo al andar era superior a la media del Camino. Pero, a diferencia de mí, él planeaba terminarlo en tres semanas en vez de las cuatro que me había marcado yo. De promedio, él llevaba muchos más kilómetros al día que yo. Eso implicaba dedicarse a andar casi todas las horas que no estaba durmiendo. También significaba que tenía que acampar a menudo, ya que su planificación no era lo suficientemente flexible como para adaptarla a los pueblos del itinerario. Ambos seguíamos el mismo trayecto, hacia un mismo destino, pero estábamos en distintos Caminos. Él no experimentó demasiado la parte social del Camino de la que yo pude disfrutar tras mi andadura de cada día. Lo más importante en su Camino era conseguir su objetivo tan rápidamente como pudiera.

Me puse a pensar en nuestros dos Caminos como si fueran una analogía de mi trayectoria profesional. Al principio, esta había sido como el Camino de Salvador. Me había marcado un destino, una «carrera profesional de éxito», y quería conseguir llegar lo antes posible. Competía con mis compañeros. Las horas trabajadas y el dinero ganado eran como puntos en un marcador. En mis días laborables quedaba poco espacio para la vida fuera del trabajo. Quedarme hasta tarde en la oficina, haciendo horas extra, se convirtió más en un hábito que en una necesidad. Perdí de vista el hecho de que mi carrera profesional era el medio para lograr un objetivo, «una vida de éxito», y no una meta en sí misma.

Tras volver del Camino decidí centrarme solo en un objetivo al día. En cuanto lo hubiera logrado, podría dedicarme a disfrutar mi vida fuera del trabajo. Algunos días, mi objetivo podía ser escribir mil palabras del manuscrito de mi siguiente libro. Otros días sería escribir una entrada en un blog. O actualizar uno de mis sitios web. Al elegir una sola cosa a la que dedicar mi atención cada día, he podido centrarme mucho mejor. Con un simple objetivo, consigo esa sensación de consecución cuando logro alcanzar la meta. En vez de avanzar unos centímetros en cada uno de mis distintos frentes abiertos, tengo la satisfacción de cruzar una línea de meta cada día, lo que supone una magnífica herramienta para motivarse a uno mismo.

LECCIÓN DEL CAMINO:
DALE LA BIENVENIDA A CADA DÍA CON UN OBJETIVO RAZONABLE.

▸ *Márcate un objetivo diario razonable*: cuando marqué el recorrido diario medio para mi Camino, lo basé en las horas que quería caminar, no en la cantidad de kilómetros que podía hacer. Si tenía que seguir caminando pasada la hora de comer, eso significaba que algo había hecho mal. Quizá había salido muy tarde, hacía demasiadas pausas o no caminaba lo suficientemente rápido. Pasa lo mismo con el trabajo. Márcate una hora límite hasta la que puedes trabajar. Si tienes que quedarte más tiempo, considéralo un fallo, no algo de lo que enorgullecerse. Recuérdate lo necesario que es tener un equilibrio entre trabajo y vida personal. Y lo que es más importante, puede que las personas que trabajan para ti estén siguiendo tu ejemplo. A menudo la gente considera que da mala imagen irse del trabajo antes que el jefe, incluso aunque no tengan que quedarse más rato.

▸ *Márcate una «victoria» laboral para el día*: cada mañana (o la noche anterior) mira tu calendario y piensa qué te hará sentir que has logrado tu objetivo al final del día. Si una de tus reuniones te podría servir para solucionar un problema grave o anotarte un tanto importante, decide cuál es el resultado que quieres obtener de la reunión. Haz que eso sea tu «victoria» del día. Si hay una tarea que has estado posponiendo, haz que tu objetivo para un día sea empezarla. Si hay algo que tienes que entregar al final de la semana, márcate como objetivo completarlo el día siguiente. Ponte un objetivo claro que puedas tachar al final del día para tener la sensación de estar progresando en tu recorrido a gran escala.

Celebra los pequeños placeres

Los peregrinos aprenden la importancia de celebrar los pequeños placeres del Camino. El Camino de Santiago puede suponer un desgaste físico enorme. Al celebrar los pequeños placeres, alimentamos una reserva de energía positiva para superar los desafíos.

Pearl, una jefa de personal de Nueva Zelanda, expresó sus lecciones sobre el Camino de esta manera: «En el Camino mirábamos el mapa para ver a dónde teníamos que ir ese día y, si había cerros o montañas, nos decíamos: "Bueno, paso a paso". En cuanto salíamos, ya no pensábamos en lo lejos que llegaríamos, en las colinas que nos quedaban por delante o en qué caminos nos llevarían a qué lugar. Caminábamos y disfrutábamos de cada pueblo y de cada paisaje, y después nos girábamos y veíamos todo lo que habíamos recorrido, y celebrábamos lo mucho que habíamos subido o el hecho de haber llegado a la mitad de una montaña y poder ver todo lo que se extendía a nuestros pies».

Jo Anne, una peregrina de los Estados Unidos, me habló de la importancia de celebrar los pequeños placeres: «Había momentos en el Camino en los que me sentía abrumada… Echaba de menos a mi marido, a mis hijos, a mis nietos. Cuando llevaba unos diez días, le envié un mensaje a mi hijo diciéndole que la experiencia se me estaba haciendo muy difícil. Y él me respondió con una nota preciosa, magnífica. Básicamente me dijo que me detuviera y apreciara lo que estaba haciendo. Que dejara de actuar como si el Camino fuera una carrera porque en el mapa había trazado una ruta de A a B. Mi hijo me dijo que me detuviera cada día en alguna cafetería y que me tomara una taza de té».

En mis días como consultor no se me daba demasiado bien disfrutar de los pequeños detalles. Casi cada semana tenía que ir en avión a visitar a un cliente u otro, y las horas de vuelo me resultaban una pesada carga de trabajo. Si desayunaba, era casi siempre algo que conseguía agarrar en el hotel para comérmelo en un taxi.

Al mediodía, mi almuerzo solía ser comida para llevar que me tomaba en la sala con el equipo, no fuera a ser que el cliente se pensara que no estábamos trabajando. A menudo, la cena era más de lo mismo: yo solo en el hotel comiendo lo que el servicio de habitaciones me hubiera traído. Comer no era más que satisfacer una necesidad biológica.

Una noche, mientras trabajaba en Detroit para un cliente, decidí premiarme con una cena en una marisquería que había al lado del hotel. Era un martes por la noche del mes de noviembre, así que no había demasiada gente. Me senté en la barra yo solo y vi un grupo en una mesa, en una esquina de detrás. Cuando dos de ellos se levantaron para ir al lavabo juntos, descubrí por qué estaban apartados del resto de los comensales. Eran Stevie Wonder y el resto de su séquito. Tras oír que varias personas del restaurante coreaban su nombre, Stevie Wonder fue tan amable de tocar tres canciones en un piano, a menos de cinco metros de donde estaba yo. ¡Vaya forma de acabar el día! Ese concierto privado me hizo preguntarme qué me había estado perdiendo por no salir más a cenar.

Asimismo, la experiencia me hizo apreciar mi trabajo de una nueva forma. Mi puesto como consultor me brindaba la oportunidad de viajar por los Estados Unidos y Europa. ¿Cuántas otras experiencias de viaje interesantes me había estado perdiendo? Siempre había considerado que la consultoría sería el trabajo de mis sueños cuando terminara la escuela de negocios. Ahora ese era mi trabajo, pero no estaba apreciando todo lo que me podía ofrecer. No estaba celebrando la oportunidad de experimentar una parte del trabajo de mis sueños diariamente.

Cada día en el Camino era una rutina de tareas diarias, separadas por horas andando. Cada mañana empezaba a caminar antes de desayunar e intentaba conseguir recorrer una distancia decente para ese día antes de parar. Cuando por fin encontraba el lugar adecuado para tomarme un café, era un motivo de celebración. Ese café era como un brindis por haber conseguido levantarme temprano y caminar antes del desayuno. Hacía lo mismo con la hora de la comida. Me propuse haber hecho más de la mitad de la distancia que me había marcado para ese día antes de detenerme a comer, así que el almuerzo se convertía en la recompensa por conseguirlo. El mejor momento del día solía ser la cena. Era mi celebración por haber alcanzado mi objetivo para ese día, normalmente acompañado de otros peregrinos.

Continué con esa rutina tras terminar el Camino y volver a casa. El desayuno ya no era solo la comida que tomaba por la mañana: pasó a ser un premio por terminar mi entrenamiento matutino. La hora de comer también dejó de ser algo más que la comida del mediodía y se convirtió en una celebración por haber empezado con buen pie a enfrentarme a mi objetivo del día. Y la cena también adquirió una nueva dimensión: una celebración por haber alcanzado mi objetivo diario. Al relacionar todos esos rituales con un logro, aprendí a apreciarlos incluso más.

LECCIÓN DE LIDERAZGO DEL CAMINO:
CELEBRA LOS PEQUEÑOS PLACERES.

▶ *Convierte tu desayuno en una meta*: si tienes algo que quieras hacer cada mañana, como ejercitarte o leer los periódicos, hazlo en primer lugar y convierte tu desayuno en el premio.

▶ *Haz que el almuerzo indique que has llegado a la mitad*: si has avanzado lo suficiente hacia tu objetivo diario a la hora de comer, prémiate con la comida como una pequeña celebración.

▶ *Celebra que ha terminado el día*: si ya has conseguido tu objetivo diario, proclama tu victoria y céntrate en tu vida personal durante el resto del día.

Pon los desafíos en perspectiva

Para muchos peregrinos, el Camino es uno de los mayores retos de su vida. Al enfrentarse y superar tantas dificultades cada día, los peregrinos aprenden a poner los desafíos en perspectiva. Bill, de Canadá, aprendió esta lección del Camino de la forma siguiente: «Estaba solo, sin mapas ni guías, y mi tarjeta de crédito dejó de funcionar. Había ido haciendo amigos a lo largo del Camino y aprendí que las cosas suelen acabar saliendo bien, aunque quizá no de la forma que esperarías». El Camino hizo que Peter, un *coach* para empresarios de los Países Bajos, «estuviera más relajado y fuera más consciente de que todo acaba saliendo bien. Menos preocupado por los posibles resultados. "El Camino proveerá"». Stephen, de Inglaterra, un especialista en tecnologías de la información retirado, me explicó lo siguiente: «Aprendí a estar tranquilo ante cualquier cosa que te presente la vida, a adaptarme. Antes les daba demasiadas vueltas a las cosas y acababa por estresarme. No me gustaban los cambios de planes. Ahora he aprendido a aceptar, con una sonrisa, que la vida es así».

Mucho antes de empezar el Camino, me enfrenté a un gran desafío al apuntarme a un máster a tiempo completo para conseguir mi título en administración de empresas antes de cumplir los treinta. Dos años sin un salario, una matrícula muy elevada y otros gastos implicaban que tendría que endeudarme muchísimo. Fue una gran apuesta. Cuando me ofrecieron un puesto de trabajo en una consultoría muy importante pocos meses después de graduarme, me embargó la emoción. Era un trampolín perfecto para lograr una carrera de éxito en el mundo de los negocios. Y, lo que era igual de importante, me permitiría saldar mis deudas.

Cuando empecé en la consultoría quise causar una primera impresión tremenda. Formaba parte de una veintena de novatos que, como yo, acababan de sacarse el máster y empezaban el verano en esa oficina. Como soy muy competitivo, me propuse destacar sobre los demás de inmediato.

Como primera tarea, uno de los gerentes me preguntó si sabía hacer un análisis de varianzas. Me sonaba haber oído hablar de ese tipo de análisis, muy sofisticado, en una de mis clases del máster. No recordaba haber aprendido a hacerlo, pero sabía que podía averiguar cómo. Además, ni de broma iba a empezar mi primer proyecto diciéndole al gerente que no tenía ni idea.

Me sumergí en una hoja de cálculo llena de datos de los clientes. Después de varias jornadas de trabajo de veinte horas seguía sin haber averiguado cómo hacer lo que me habían encomendado. La fecha de entrega se acercaba rápidamente y no presagiaba un final feliz. Empecé a pensar en el efecto dominó. Si fracasaba en mi primer proyecto, eso me haría fallar también en ese puesto, lo que a su vez implicaría que mi carrera profesional nunca despegaría y que, finalmente, no podría pagar mis deudas de estudiante. Mi vida entera iba a quedar arruinada a los veintisiete años. Nunca me había sentido tan agobiado.

Por suerte, un compañero vio lo estresado que estaba y me preguntó si necesitaba ayuda y, juntos, pudimos solucionar la situación. Tuve la sensación de que mi trayectoria profesional se había salvado. Entregué el análisis al gerente y, por primera vez en muchos días, pude dormir la noche entera con tranquilidad.

Ahora, recordando esa historia, mi estrés en esos momentos me parece algo desproporcionado. Nunca llegaron a presentarle mi análisis al cliente. Estaba bien hecho, pero no era importante. Ni siquiera recuerdo el nombre del cliente.

Para cuando llevaba diez días en el Camino, ya empecé a encontrar mi ritmo. Había llegado a una tregua con mi tobillo torcido caminando con bastones. Había sobrevivido a mi primer susto con una ampolla infectada. Era consciente de lo complicadas que iban a ser las siguientes tres semanas, pero me sentía confiado de poder superarlas.

Caminando entre el trajín urbano de Burgos fue cuando descubrí por primera vez la meseta: una larga llanura de tierra plana y sin árboles en medio de España. Había muy poco que ver entre Burgos y la siguiente parada para dormir en mi itinerario, un pueblo llamado Hontanas. Quedaba a unos treinta kilómetros y, por lo tanto, esa etapa estaba por encima de la media de veinticuatro kilómetros de mi plan, pero al menos era terreno llano. Y como tampoco había ningún árbol, podía ver una extensión de kilómetros y kilómetros ante mí. Pasadas varias horas empecé a preocuparme, ya que no veía ningún indicio de Hontanas. Miré los mapas una y otra vez, pero tenía la sensación de estar en el camino correcto, así que seguí adelante. Finalmente, tras llegar a una cresta unos veinte minutos más tarde, como por arte de magia apareció Hontanas enclavada en un valle. Había sido un día muy largo. Tenía pintada en la cara una sonrisa de oreja a oreja cuando entré en el albergue. Estaba muriéndome de hambre, así que decidí comer algo antes de registrarme para dormir.

Tras descargar la mochila y darle unos sorbos a mi cerveza de celebración al final del día, saqué el itinerario para buscar el código de confirmación de mi reserva. Me llevó un minuto advertir mi error. Hontanas sí que estaba marcada como destino en mi itinerario para ese día, pero mi hotel estaba en Castrojeriz, casi diez kilómetros más lejos.

No me podía creer que hubiera cometido un error así. Había repasado mi planificación de viaje repetidas veces. En algunas ocasiones no había encontrado en Internet alojamiento en el pueblo que quería, así que había buscado algún lugar que quedara cerca. Eso es lo que debía de haber pasado. Me puse a sopesar mis opciones. Si hubiera prestado atención a mis pies y espalda, cargados y doloridos, me habría limitado a ignorar el itinerario y quedarme allí. Pero después advertí que esto podría desembocar en una reacción en cadena que repercutiría en las noches siguientes y en todas las reservas que había hecho.

Desanimado, volví a cargar con la mochila y salí del pueblo. El Camino entero era un desafío en sí, pero este reto en concreto no iba a ser nada divertido. Mi error significaba que había acabado por embutir dos días de ruta en uno solo. Por suerte, todavía quedaba suficiente luz diurna para acabar el trayecto, pero no me apetecía nada. A este desafío no le di la bienvenida.

Después del Camino, cuando recuerdo ese día, lo considero magnífico. Aunque fue una de las jornadas más extenuantes y menos entretenidas del Camino, fue un día en el Camino. El peor día haciendo algo que me encanta es preferible que el mejor día haciendo algo que no me apetece.

LECCIÓN DE LIDERAZGO DEL CAMINO:
PON LOS DESAFÍOS EN PERSPECTIVA.

▸ *Aprecia tu trabajo*: cuando tengas uno o varios días malos en el trabajo, puede que te sientas inclinado a decir que no te gusta tu empelo. Antes de hacerlo, piensa en cómo te sentirías si no lo tuvieras. Piensa en la emoción que te embargó cuando te dieron el puesto. Tu peor día en el trabajo es seguramente mejor que un buen día sin él. Recuérdatelo a ti mismo antes de quejarte. Recuérdaselo también a la gente a la que diriges.

▸ *Pon los errores en perspectiva*: cuando cometas un error en el trabajo, es importante ponerlo en perspectiva antes de reaccionar. Excepto en algunos campos concretos, los fallos que tú u otros cometan no implican que alguien vaya a perder la vida o una extremidad. Aunque puede que sea imposible deshacer algunos errores, seguramente solo impliquen una pérdida de tiempo, dinero u orgullo. Puedes rebajar tu estrés y tensión si pones las cosas en perspectiva antes de tomar medidas correctivas.

CAPÍTULO 4

Haz que los otros se sientan bienvenidos

Estatua de un peregrino en el Camino.

LA AMABILIDAD DE LAS PERSONAS DEL CAMINO HACE QUE LOS PEREGRINOS se sientan bienvenidos. Recuerdo a un hombre mayor repartiendo caramelos entre los peregrinos con una gran sonrisa y ofreciendo su estampa personalizada para las colecciones de las credenciales. También recuerdo haber tomado una foto de una casa con la frase «Buen Camino» escrita delante de su garaje. Hay innumerables ejemplos de personas locales que me hicieron sentir bien recibido. Rosie, de Australia, se sintió bienvenida de una forma más directa: «Un día estaba caminando bajo una lluvia torrencial en un pueblo muy pequeño. Una mujer nos vio y salió a buscarnos. Chapurreando inglés, nos ofreció entrar en su casa hasta que dejara de llover. Fue una oferta generosísima para alguien que tenía tanto frío y estaba tan cansada y mojada como yo. A menudo recuerdo ese momento e intento hacer que los demás se sientan tan bienvenidos como nos hizo sentir aquella mujer de una forma tan desinteresada».

Al verlo por primera vez, pensé que la idea de «hacer que los demás se sientan bienvenidos» era algo de un sentido común tan básico que era malgastar el espacio en esa lista de valores que los peregrinos deberían seguir. Cuando era pequeño aprendí a saludar a los demás con un «hola». Cuando venía algún pariente de visita, me enseñaron a darle la bienvenida con un abrazo. Pero, en algún punto de mi proceso de crecimiento, me olvidé de lo importante que es hacer que los demás se sientan bienvenidos en su lugar de trabajo. Yo era alguien centrado en «ir directo al grano» en mi trabajo, así que pensaba que la mejor forma de hacer que los demás se sintieran bienvenidos era demostrarles que me había preparado a fondo para la reunión. La preparación mostraba que los respetaba a ellos y a su tiempo. La «charla intrascendente» del principio de las reuniones me parecía falsa y una pérdida de tiempo. El Camino me enseñó que ninguna charla es intrascendente si hace que los demás se sientan bienvenidos.

Saluda a los demás de forma significativa

El Camino es un entrenamiento intensivo de cómo saludar a los demás de forma significativa. Los peregrinos conocen a personas nuevas cada día en su recorrido, en los albergues o a la hora de comer. Estas interacciones suelen ser en un idioma que no es el nativo de esas personas, que suelen provenir de distintas culturas. Es una forma muy poderosa de aprender a saludar y recibir a los demás de una forma significativa.

Algunas de las lecciones del Camino son tácticas. Rosie, de Australia, me explicó esta lección que había aprendido en su Camino: «Ahora dedico más tiempo a detenerme y hablar con las personas; escucho con atención cómo les va y lo que me dicen en vez del consabido "hola, qué tal, adiós"». Jodi, una peregrina de los Estados Unidos, me contó lo siguiente: «Ahora intento cambiar mi forma de saludar a las personas que pasan a mi lado. La mayoría de las veces saludas con un "Cómo estás", pero realmente no te interesa saberlo. En vez de eso, a partir de ahora diré "Qué bueno verte", excepto si realmente tengo tiempo de escuchar cómo les va».

Algunas de las lecciones se aprenden cuando eres tú mismo quien se siente bienvenido por algo que hacen los demás. Jackie, una gerente de relaciones comunitarias de los Estados Unidos, me contó su historia: «El primer día conocí a una mujer que no hablaba inglés. Se dio cuenta de que me había costado hacer una de las subidas y me preguntó (en su idioma nativo, que no pude entender) si estaba bien. Yo sabía qué era lo que me estaba preguntando por sus gestos. Asentí para decirle que me encontraba bien y ella sonrió. La vi durante los cinco días siguientes y cada vez me hacía la misma cuestión, pero cada día iba sonando más como una afirmación. Así que pasó de ser un "¿Estás bien?" a un "¡Estás bien!". Y me sonreía y me dedicaba un gesto con los pulgares hacia arriba. Me hizo sentir muy bien, y regresé a casa queriendo ser más como ella».

A veces podemos hacer que los demás se sientan bienvenidos con una simple sonrisa. Sandy, una madre estadounidense, me explicó lo siguiente: «Iba en tren de Santiago a Madrid después de mi Camino y una mujer mayor que no hablaba inglés se sentó a mi lado. Nos comunicábamos con sonrisas y gestos. Le compré un refresco y ella me dio caramelos. Fueron siete horas mágicas y, cuando me fui, nos abrazamos. Y sin decir ni una sola palabra… Una sonrisa transmite muchísimo, aunque no hables el mismo idioma que la otra persona».

Como ejecutivo, antes de hacer el Camino dirigí muchas reuniones. Me tomaba ese papel muy en serio porque consumían una cantidad ingente de un recurso valiosísimo y no renovable: el tiempo. Más de una vez calculé el coste de una reunión a partir del salario medio por hora multiplicado por el número de personas que había en la habitación. Algunas reuniones importantes representaban una inversión de aproximadamente cinco mil dólares a partir de ese cálculo. Si me hubieran pedido cinco mil dólares para invertir en informática, me habría querido asegurar de que ese dinero se emplease de forma eficaz. Yo me enorgullecía en dirigir las reuniones con eficiencia. Empezábamos y terminábamos con puntualidad. Nos asegurábamos de cubrir todas las cuestiones logísticas. Se abordaban todos y cada uno de los puntos pendientes. Apuntábamos las tareas por hacer que se generaban tras cada reunión y nos asegurábamos de que se terminaran en las sesiones siguientes. Incluso puntuábamos cada reunión a partir de nuestra capacidad para completar todas las cosas que he mencionado. En resumen, nuestras reuniones funcionaban como un reloj de alta precisión.

En algún punto me olvidé de la parte humana de las reuniones que dirigía. Aunque esos encuentros pudieran ser rutinarios para mí, no lo eran para todo el mundo. Para los novatos, esas reuniones a menudo eran una oportunidad poco frecuente para interactuar personalmente conmigo o con otros ejecutivos. Puede que llevaran trabajando mucho tiempo en el material que se estaba tratando en la reunión. Al saltarme la «charla insustancial» del principio yo no estaba simplemente ahorrando tiempo: tampoco estaba invirtiendo en hacer que los demás se sintieran bienvenidos.

En el Camino hay una fórmula clara de cómo hacer que los demás se sientan bienvenidos gracias al saludo lema de cada peregrino: «¡Buen Camino!». Como cualquier otro peregrino, adopté rápidamente el saludo «¡Buen Camino!» en mi recorrido. Pensaba que me daba un toque atractivo, que me identificaba como peregrino. Aun así, me llevó un tiempo entenderlo por encima de su significado superficial. Cuando se dice entre peregrinos, es una forma de decir: «Hola. Reconozco y comparto tu misión y deseo que consigas superarla». Cuando el saludo lo pronunciaba una persona local hacia un peregrino, era como si dijera: «Hola. Eres bienvenido a este lugar. Comprendo la misión en la que te has embarcado y deseo que consigas superarla». Con solo dos palabras, las personas se saludan entre ellas con una empatía y apoyo sinceros.

LECCIÓN DE LIDERAZGO DEL CAMINO:
SALUDA A LOS DEMÁS DE FORMA SIGNIFICATIVA.

▸ *Recuerda el nombre de los demás*: la primera clave para saludar a los demás de una forma significativa es dirigirte a ellos por su nombre, si puedes. A medida que escalas el organigrama de una empresa, tienes más nombres para recordar y se hace más complicado. Aun así, el resultado merece la pena. Al empezar en mi trabajo, recuerdo a un ejecutivo en un puesto bastante por encima de mí que me impresionó. Este hombre tenía a cientos de personas en su organización, así que en un arrebato inmaduro lo desafié a recordar cómo me llamaba. Cuando sonrió y me dijo por mi nombre, me quedé boquiabierto. Tuve la sensación de que «me conocía». Fuera cual fuera su truco para recordar cientos de nombres, está claro que para mí fue significativo que recordara el mío, ya que todavía lo tengo presente veinticinco años después. ¿Quién te recordará a ti por haberte acordado de su nombre dentro de veinticinco años?

▸ *Muestra interés*: recuerda algo más sobre la persona cuando vuelvas a verla, como un proyecto o una experiencia. En las organizaciones de gran tamaño, hacer eso con todo el mundo puede suponer un esfuerzo. Pero tiene su recompensa. Quizá una trabajadora que acaba de entrar en el puesto más básico sienta que su ardua labor es invisible para los altos cargos de la empresa. Una señal de reconocimiento del director general puede significar muchísimo para ella.

▸ *Muestra empatía*: lo que le dices a alguien es solo la mitad de la batalla. Reaccionar ante su respuesta es la otra mitad. Escucha lo que te digan. Fíjate en cómo lo hacen. Si tienes la sensación de que la otra persona está estresada, muestra que has podido apreciarlo. Un «¡Ánimo, que ya lo tienes!» puede ser muy significativo.

Sé el desconocido amable

Muchos peregrinos han tenido experiencias con desconocidos que les han hecho favores desinteresados en el Camino. Algunas veces estas personas son habitantes de algún pueblo por los que pasa el Camino. Otras veces son otros peregrinos. Terry, un peregrino de Inglaterra, me contó su historia: «Tengo cincuenta y nueve años y, hace cinco años, ni siquiera me levantaba para ir a la tienda más cercana. Tras ver la película *The Way* me dije que tenía que hacer el Camino. Muchas personas se rieron de mis intenciones y eso hizo que me entraran todavía más ganas de hacerlo. Tras subir por los Pirineos hasta el primer albergue en Roncesvalles yo solo, empezó a llover. La adrenalina del día anterior ya me había abandonado y estaba bastante desanimado. Empecé a dudar de mí mismo y a preguntarme por qué me había embarcado en esta aventura. De repente apareció entre la llovizna una mujer japonesa que se limitó a saludarme con la cabeza y me entregó una barra de chocolate. La mujer desapareció, pero el chocolate me dio fuerzas y conseguí llegar a la cima».

Me gustaría pensar que yo también soy el «desconocido amable» para alguien por alguna buena obra que haya hecho, pero la verdad es que no me viene ninguna a la mente. Lo malo de ser «el desconocido» es que, aunque yo hiciera alguna cosa buena por alguien, seguramente después esa persona no sabría cómo encontrarme para contármelo.

Una vez sí tuve la oportunidad de ver a alguien de mi equipo recibir su recompensa por ser un «desconocido amable». En las elecciones de 2008 hubo un número récord de votantes en Washington D. C. que quisieron votar a distancia. La junta electoral local estaba desbordada. Empezaron a llegar cada vez más quejas al ayuntamiento, donde yo trabajaba por aquel entonces. La junta electoral, que actuaba de forma independiente al ayuntamiento, nos pidió respaldo urgente. Por suerte, ese año el alcalde no estaba en las listas electorales. Yo dirigí un plan de emergencia para solucionarlo y, gracias a la ayuda de docenas de voluntarios, todo el mundo que entregó a tiempo su solicitud para votar a distancia pudo hacerlo.

Tras todo ese esfuerzo, uno de los voluntarios, Matt, me contó una anécdota. Matt se encargaba de responder al teléfono cuando una mujer mayor llamó para decir que no había recibido su papeleta por correo. Faltaban pocas horas para que terminara el plazo para votar a distancia y esta mujer no podía desplazarse físicamente a la oficina para recogerla. Estaba desconsolada. Nunca había pensado que tendría la oportunidad de votar por un presidente afroamericano y ahora veía cómo esa oportunidad se le escurría entre los dedos. Matt lo consultó con su encargado y se ofreció a llevarle la papeleta personalmente. Pagó un taxi para llegar a la casa de esta mujer, en un barrio que nunca había visitado. Cuando la señora respondió a la puerta y vio a Matt, se echó a llorar. Le dijo que, de joven, si hubiera visto a alguien como Matt en un día de elecciones, se habría esperado que la molestara, no que la ayudara. Estaba tan contenta que le quería dar algo en agradecimiento. Agarró una lata de *ginger ale* e insistió en que se la llevara. Meses más tarde volví a ver la lata sin abrir en el despacho de Matt. Dondequiera que esté él ahora, espero que ese envase siga siendo un recordatorio del poder que tiene ser un desconocido amable.

Y fue un desconocido amable el que me salvó en el Camino. Mi primera ampolla grave apareció una noche de domingo en un pueblecito. Otros peregrinos me habían dicho que la farmacia local estaba abierta hasta las 9 o las 10 de la noche, así que fui a toda prisa, cojeando. Cuando llegué a la puerta, estaba cerrada con llave y con un cartel que ponía «Cerrado». No llamé, pero un hombre mayor estaba dentro, limpiando la farmacia, y acudió a la puerta. La abrió y se limitó a preguntarme si yo era un peregrino. Le dije que sí y le mostré mi ampolla, ya que no me habían enseñado la palabra en mis clases de español en el instituto. Me dejó entrar y, sin mediar palabra, pulsó un botón y dijo algo en el interfono que había al lado de la puerta. Unos minutos más tarde apareció una irritada farmacéutica y me preguntó qué necesitaba. Señalé mi ampolla. Entre resoplidos, mientras me daba un gel antiséptico, le dijo airadamente al hombre de la limpieza que eso no se consideraba una «emergencia» para llamarla en su guardia. El hombre se hizo el tonto y se encogió de hombros, como si dijera «Ay, lo siento, debí de entender mal a este señor americano». Pagué mi cuenta y el hombre me acompañó a la salida. Al despedirme, me tomó la mano con una sonrisa cómplice y, guiñándome el ojo, me dijo: «Buen Camino».

LECCIÓN DE LIDERAZGO DEL CAMINO:
SÉ EL DESCONOCIDO AMABLE.

▸ *Que tus puertas estén siempre abiertas*: demuestra que estás dispuesto a ayudar a los demás; pónselo fácil para que acudan a ti. Deja la puerta de tu oficina abierta. Paséate por la oficina. Ten algunas horas a la semana para que la gente pueda venir a hablar contigo sin cita. Busca tu propia forma de demostrarles a los demás que eres alguien accesible.

▸ *Prepárate para ayudar a desconocidos*: si dejas la puerta abierta al público, prepárate para tener que ayudar a personas que lo necesiten, especialmente fuera del horario laborable convencional. Prepara un protocolo para estos casos y forma a tus empleados.

▸ *Celebra cada anécdota e historia*: un día me quedé trabajando hasta tarde en mi oficina cuando sonó el teléfono. Al responder, me sorprendió descubrir que el número de la línea de atención al cliente se había redirigido a mi teléfono. La persona que llamaba tenía un problema apremiante. Escuché y apunté diligentemente los detalles de su queja. Nunca le comenté a ese caballero que estaba hablando con el director ejecutivo y no con un representante de atención al cliente, o que nuestro horario de atención al público había terminado hacía horas. En cuanto tuve toda la información, llevé la nota al despacho del encargado del centro de llamadas, que era uno de mis subordinados directos. Al encargarme yo de la llamada y dedicarle toda mi atención, quise mostrarle al personal del centro de llamadas lo importante que era cada llamada que recibían.

Acepta la ayuda

Muchos peregrinos necesitan ayuda en un punto u otro del Camino. Y el Camino les enseña a darle la bienvenida a esta ayuda. Algunos la necesitan para empezar el Camino. Jodi, de los Estados Unidos, me contó su historia: «Mi amiga hizo el Camino conmigo porque me atreví a pedírselo, lo cual no es algo que me salga de forma natural. Atreverme a hacer esa pregunta me ha aportado muchísimas cosas y ha cambiado la vida de las dos». Otras personas necesitan ayuda para completar el Camino. Carol, gerente retirada de una empresa de muebles de los Estados Unidos, me contó la lección que aprendió en el Camino: «El Camino me enseñó a dejar que los demás me ayudaran. Soy una persona muy tozuda y siempre soy yo la que da, no la que recibe; es algo que me cuesta mucho. Pero en el Camino me sentí muy agradecida. Y como era una mujer haciendo el camino sola, muchas personas me ayudaron. No me encontraba bien cuando llegué a Montes de Oca. Encontré una litera en el colegio que hacía de albergue. Estaba sola. El ambiente era húmedo y frío. Me aventuré a salir; era un domingo, ya tarde, y solo conseguí encontrar una bolsita de patatas y una Coca-Cola en un bar para comer. Por la mañana me puse mi poncho de plástico; no paraba de llover. El Camino transcurría o bien a través de los bosques o colina arriba, hacia Burgos. Todavía me encontraba mal, así que me puse a hacer autostop. Un joven muy atento que iba en una furgoneta de reparto me recogió. Yo tenía tanto frío que me dio sus guantes de trabajo, con agujeros para los dedos, y me dijo que me los quedara. Fue muy, muy amable. Me llevó hasta la cima de la colina y me deseó un buen Camino. Su amabilidad me dio las fuerzas que necesitaba para seguir adelante».

Antes de hacer el Camino yo me enorgullecía de mi capacidad para analizar cualquier problema en el trabajo y acabar encontrando la solución. Me encantaba presumir de mi creatividad para encontrar información y de mi sofisticación para analizarla. No quería pedirle ayuda a nadie. Me sentía culpable ante la idea de ser una carga para los demás. Y también me preocupaba secretamente la idea de tener que compartir el mérito.

Uno de los empleos que tuve antes de hacer el Camino fue bajo el mando del alcalde de Washington D. C., y coincidió con el discurso

de investidura del presidente Obama. El alcalde es el responsable
de asegurar que la ciudad esté preparada para las multitudes que
asisten a la ceremonia y al desfile. Con una asistencia de 1,8 millones de personas, la investidura del presidente Obama atrajo a
la mayor multitud registrada jamás en la historia de Washington
D. C. Mi papel a la hora de preparar la ciudad para la toma de
posesión me enseñó lo corta de miras que había sido mi actitud a la
hora de pedir ayuda. Nos llegaron rumores de que miles de flotas
de buses iban a traer a personas a la ceremonia. Si eso era cierto,
tendrían que acabar volviendo por donde habían venido, ya que el
centro de la ciudad iba a estar acordonado como zona protegida.
Eso significaría que cientos de miles de americanos que llevaban
horas en bus para ver un momento tan histórico con sus propios
ojos acabarían encallados en un descomunal atasco de autobuses.
En vez de llevar a sus hijos a hombros en la Explanada Nacional
para presenciar el acontecimiento, iban a quedarse en el embotella-
miento sin ni siquiera un televisor. Y nosotros no íbamos a permitir
que sucediera algo así.

Se me encargó que evaluara los rumores y trazara un plan. Me
impresionaron los datos que logré reunir. Rastreé las estimaciones
históricas del número de buses que Washington D. C. había ges-
tionado con anterioridad y cuántos autobuses había en todos los
Estados Unidos. Acabé transmitiendo mis conclusiones a Dan, el
teniente de alcalde, y le expliqué que no sabía cuántos vehículos
habría pero que podrían convertirse en un problema. Entonces,
Dan sonrió y me dijo: «¿Y por qué no vas y se lo preguntas a ellos?
Habrá alguien en el gobierno federal que regule las flotas de autobuses. Descubre quién se encarga y pídele que te mande una lista
de correos electrónicos». Esa opción ni se me había pasado por la
cabeza. ¿Por qué motivo iba a ayudar una agencia federal a un desconocido del ayuntamiento?

Cuando llamamos a la agencia federal y les describimos el problema, aceptaron ayudarnos al momento. Nos enviaron rápidamente

las direcciones de correo de todas las empresas con flotas de autobuses del país y les enviamos un mensaje a todas ellas para comprobar
si era cierto que miles de personas iban a acudir al discurso. Nos
confirmaron que, efectivamente, era así. Desarrollamos un plan ra-
dical para que la Guardia Nacional cerrara cientos de calles del
centro y las convirtiera en zonas de aparcamiento temporal para
los buses a poca distancia a pie del evento. Tras finalizar el plan,
les enviamos las instrucciones a las empresas. Y las siguieron al pie
de la letra. El día de la investidura, cada autobus aparcó donde le
correspondía y ni una sola persona se perdió el viaje de vuelta en el
bus correcto. Crisis evitada.

En el Camino pasé por muchos pueblecitos de campo tranquilos
a lo largo de mi recorrido. En uno de ellos me detuve en una cafetería y me senté al lado de una ventana para comerme un bocadillo.
El único indicio de vida fuera eran tres hombres mayores sentados
en sillas de plástico a la sombra, delante de una casa. No parecían
estar haciendo gran cosa ni hablaban demasiado; se limitaban a
estar sentados, juntos, y mirar a los peregrinos pasar. Supuse que
era un entretenimiento mejor que estar encerrados solos en casa
mirando la televisión.

Una pareja de peregrinos que había acabado de comer salió de
la cafetería. Se pusieron a mirar a su alrededor en busca de una
flecha amarilla y, como no encontraron ninguna, decidieron girar
a la izquierda. Al momento, los tres hombres sentados a la sombra empezaron a gritar y a hacer señales para llamar la atención
de los peregrinos. Apuntaban con gestos en la dirección contraria
para mostrarles la ruta correcta para continuar en el Camino.
Los peregrinos se detuvieron, les dieron las gracias y cambiaron
de dirección para seguir las indicaciones que les daban. Los hombres los despidieron agitando las manos y deseándoles un «Buen
Camino».

La velocidad de su reacción me hizo suponer que esos tres hombres solían hacer esto con frecuencia. Después acabé advirtiendo

que no se limitaban a ver pasar a la gente, sino que esperaban la oportunidad de redirigir a los peregrinos perdidos. Estaban situados estratégicamente, justo enfrente de la única cafetería del pueblo. La esquina en la que estaban habría sido el lugar ideal para una flecha amarilla, como solían tener la mayoría de las esquinas parecidas. Una parte de mí se preguntó si esos ancianos estaban sentados justo delante de la flecha para que los peregrinos no la vieran y necesitaran su ayuda.

Terminé mi bocadillo unos minutos más tarde. Cuando salí también me puse a buscar la flecha amarilla y, como no vi ninguna, fui en la dirección incorrecta a propósito. De nuevo, los hombres pasaron a la acción al momento y me indicaron la otra dirección. Les di las gracias y me desearon «Buen Camino». Sonreí al preguntarme cuántas veces habrían hecho ese ritual antes.

Mientras seguía caminando, esa interacción me hizo pensar en cómo yo ofrecía y recibía ayuda en mi carrera profesional. Me encantaba aleccionar. Si alguien me pedía consejo, me lo tomaba como una señal de respeto; me hinchaba de orgullo. Me hacía sentir útil.

Pero, por otro lado, me di cuenta de que no solía pedir asesoramiento a los demás muy a menudo. Si había algo que no sabía, prefería averiguarlo por mí mismo. No quería mostrar debilidad. No quería molestar a los demás. Y si los demás me daban consejos sin que yo los pidiera, a menudo me ponía a la defensiva y me lo tomaba como una crítica. En vez de aceptar la ayuda de los demás con los brazos abiertos, la rechazaba.

Se me encendió la bombilla y entendí que debía empezar a aceptar mejor la ayuda de los demás. No solo porque eso me sería útil, sino porque, además, reforzaría la relación con esa persona. La persona que me ayudaba estaba invirtiendo en mi éxito. Eso me ayudaría a obtener su apoyo en el futuro. Y, a la vez, estaría promoviendo su autoestima y su sentido de valor. Al permitir que los demás me ofrezcan su ayuda, yo mismo les estoy haciendo un regalo.

LECCIÓN DE LIDERAZGO DEL CAMINO:
ACEPTA LA AYUDA.

▸ *Identifica a las personas que ofrecen ayuda*: fíjate en quién puede ayudarte. Identifica el incentivo que tienen para hacerlo. Descubre cómo puedes conseguir su ayuda. En algunos casos, lo único a lo que puedes apelar es a su espíritu de generosidad, aunque a menudo puedes encontrar otros incentivos. En la historia de la flota de autobuses, por ejemplo, el teniente de alcalde advirtió que la pequeña agencia federal estaría más que dispuesta a colaborar en la toma de posesión del presidente, ya que seguro que querrían aprovechar una oportunidad única para captar la atención de la administración entrante.

▸ *Pide ayuda*: los líderes débiles tienen miedo a pedir ayuda. Les preocupa que aceptar la ayuda de los demás se considere una señal de que no están a la altura de su trabajo. Cuando alguien les ofrece su ayuda, lo interpretan como una falta de confianza en sus capacidades. No seas un líder débil. Muéstrate abierto a los ofrecimientos de ayuda de los demás. Promuévelos. Pide ideas a todas las partes de tu organización. La ayuda te hará ser mejor en tu trabajo. Y, lo que es más importante, con este comportamiento también serás un modelo a seguir para los demás.

▸ *Exige a los demás que estén abiertos a la ayuda*: déjales claro a los miembros de tu equipo que esperas que estén abiertos a recibir ayuda de los demás. Déjalo claro en sus objetivos y en las competencias asociadas a su trabajo.

▸ *Muestra tu reconocimiento ante la ayuda*: pedir ayuda a los demás es una buena idea, pero si después no la aceptas, acabarás pareciendo un hipócrita. Dales las gracias a las personas que te ofrezcan su ayuda y, si esta te resulta útil, coméntaselo.

CAPÍTULO 5

Vive el momento

El autor en el Camino.

LOS PEREGRINOS PASAN POR TANTOS MOMENTOS DIFERENTES EN EL CAMINO que acaban desbordados, así que se ven forzados a «vivir el momento». Deb, una peregrina de Australia, lo resumió de la siguiente forma: «Caminar implica ver y escuchar cosas que no podrías experimentar en un coche. Sentir el silencio, notar bajo tus botas el duro suelo por el que tantos peregrinos han pasado, tener el sabor del sudor en los labios... Damos siempre por sentado todo lo que tenemos y estamos demasiado ocupados para mirar al cielo, a la forma de las nubes. Para detenernos y sentir el viento en la cara, o el calor del sol en la piel. Caminar solos por el bosque, escuchar a los pájaros y el sonido del agua de un arroyo, notar la frescura de la sombra de los árboles. Al caminar solo, te fijas en estas cosas».

Yo tenía mis reservas sobre el valor de «Vive el momento» cuando lo leí por primera vez. Me pareció muy trillado y superficial; más adecuado para una pegatina que se pone en el parachoques que para estar en mi credencial del Camino. Aunque ya me había preparado para los aspectos religiosos del Camino, me puse a pensar que quizá había subestimado su aspecto más *hippie* y *New Age*. No me llevó demasiado advertir el poder que tenía esta simple frase y cómo me podría ayudar como líder si encontraba formas de aplicarla.

Elimina las armas de distracción masiva

El Camino fuerza a muchos peregrinos a reducir su uso de dispositivos móviles electrónicos. Yo no recuerdo haber oído sonar ni un solo teléfono móvil de otro peregrino en el mes que pasé en el Camino. Algunos peregrinos los desconectan para evitar las tasas de itinerancia. Otros, para evitar distraerse. Roberta, una funcionaria canadiense de alto cargo ya retirada, aprovechó el Camino como una oportunidad educativa. «Hacer este camino con mis nietos fue especialmente importante porque tuvieron que dejar sus tabletas e iPhone en sus casas y sumergirse en la experiencia. Aprendieron que, aunque sea difícil, tienes que seguir adelante, porque si te paras en la mitad de la carretera no hay comida ni lugares donde dormir, ni nadie que vaya a conseguirlo por ti».

Antes de mi Camino siempre llevaba el móvil encima al trabajar. De hecho, llevaba dos en el cinturón: uno para el trabajo y otro para uso personal. Parecía una versión empollona de Batman. En la mayoría de las reuniones los dejaba en la mesa delante de mí para ver si recibía algún mensaje nuevo. Me acostumbré a mirarlos al instante si sonaban o vibraban. Me sentía tan importante que tenía que estar disponible en todo momento. Yo era importante, así que, al fin y al cabo, era posible que alguien importante intentara ponerse en contacto conmigo.

Mi adicción al teléfono no era única. Cuando miraba a mi alrededor en cualquier reunión grande, siempre había varias personas que prestaban más atención a sus móviles que a los temas que se debatían.

También me ponía los auriculares del teléfono para que nadie me molestara fuera de la oficina. A veces, después de un día entero de reunión tras reunión, me apetecía descansar de tanto hablar. Aunque normalmente escuchaba audiolibros o *podcast* con el volumen bajo para poder oír a los demás, esos auriculares blancos eran los escudos tras los que yo me escondía.

Mi adicción al móvil también estuvo presente al planificar mi Camino. Como iba a ser mi primera caminata de un mes entero, me preocupaba acabar aburriéndome a lo largo del recorrido. Me puse a hacer cuentas y deduje que, si iba a estar en ruta unas ocho horas al día durante treinta días, eso eran 240 horas que tenía que llenar para entretenerme mientras caminaba. Me encanta escuchar audiolibros cuando salgo a correr o con la bici, así que me llené el móvil de libros; cuanto más largos, mejor. Estaba muy emocionado porque iba a matar dos pájaros de un tiro: hacer el Camino y avanzar mi lista de libros pendientes.

En mi primer día en el Camino tenía el teléfono a punto para ponerme a escuchar algo, pero decidí esperar hasta que me aburriera. Al final no me puse los auriculares ni un solo día en todo el Camino.

No sacar esos escudos del bolsillo fue lo que cambió mi Camino. Era muy fácil empezar a hablar con otros peregrinos mientras iba caminando. Ya tenía algo en común con ellos y era fácil romper el hielo con preguntas como «¿Dónde has empezado hoy?» o «¿Dónde vas a alojarte esta noche?». Conocí a docenas de peregrinos a partir de conversaciones así de sencillas, y muchos de estos conocidos han acabado convirtiéndose en amistades duraderas. En los años después de hacer el Camino, he viajado a diversos países de Europa para visitar a mis amigos peregrinos. Esas relaciones, y una en concreto, han cambiado mi vida para mejor.

Me estremezco con solo pensar en cómo habría sido mi Camino si hubiera llevado puestos los auriculares. No exagero al decir que, si me hubiera perdido aunque fuese solo una de esas interacciones iniciales por parecer reacio a conocer a otros, mi vida sería mucho peor.

LECCIÓN DE LIDERAZGO DEL CAMINO:
ELIMINA LAS ARMAS DE DISTRACCIÓN MASIVA.

▸ *Sé consciente de lo que haces*: cuando consultas tu móvil durante una reunión o conversación, transmites un mensaje desagradable: «Ni siquiera sé quién requiere mi atención, pero sé que prestársela a esta persona es más importante que dedicársela a esta reunión».

▶ *Marca una política de «cero distracciones»*: sé un firme defensor de una política estricta de prohibición de usar dispositivos electrónicos en las reuniones. Si alguien tiene que usar su móvil, debe abandonar la habitación para hacerlo. Deja clara esta norma en todas las reuniones que dirijas.

▶ *Haz que tu política se cumpla*: establecer una política y no hacer que se cumpla es peor que no tener ninguna. Busca formas de asegurarte de que se cumpla esta política. Plantéate aplicar medidas preventivas, como hacer que los asistentes entreguen sus teléfonos antes de la reunión. También puedes aplicar consecuencias, como llamar la atención de una forma adecuada a las personas que infrinjan la norma. O puedes hacerlo de forma abierta: «Por favor, sal de la habitación para utilizar el móvil y vuelve cuando estés disponible». Quizá puedas hacerlo de una forma más desenfadada pero que transmita lo que quieres decir. Y también hay maneras de hacerlo de una forma menos obvia, como dirigiendo las preguntas de la reunión a las personas que están distraídas con el teléfono.

▶ *Cumple con la política*: sé un modelo a seguir. Adhiérete a la norma de «ninguna distracción con el móvil» en todas las reuniones a las que asistas, no solo a las que dirijas. Los demás lo advertirán.

▶ *Promueve la política*: en cuanto tu política empiece a funcionar de forma constante, ayuda a tu organización a aplicarla de forma global. Defiende su efectividad. Recopila información o datos sobre el antes y el después de aplicar la política para demostrar lo útil que es. Invita a personas externas a asistir a las reuniones para observar el efecto positivo de la política. Escribe sobre la experiencia.

Deja de mirar el mapa y disfruta de la experiencia

El Camino enseña a los peregrinos a levantar la vista y a disfrutar de la experiencia en vez de centrarse en alcanzar la meta en Santiago de Compostela. Los peregrinos caminan cientos de kilómetros rodeados de paisajes y pasan por docenas de pueblos. Experimentan tanto placer como dolor a lo largo de su recorrido. Y, al cabo de un tiempo, el Camino desborda a los peregrinos de una forma positiva.

Pam, una peregrina de los Estados Unidos, lo explicó de la siguiente forma: «El Camino me enseñó a aceptar los desafíos que tengo por delante en ese momento y cada día. Me enseñó que, aunque a veces la vida puede ser difícil y dolorosa, no debemos olvidarnos de levantar la vista y fijarnos en la belleza que nos rodea. Empecé el Camino un verano extremadamente caluroso en el norte de España. Tenía ampollas en los pies y, de vez en cuando, subir todas esas montañas y colinas resultaba una tarea abrumadora. Pero entonces levantaba la vista y pensaba: "Vaya, fíjate en toda la belleza que me rodea". Y esa es la lección... Si nos centramos en lo difícil que es el reto o nos preocupamos por el porvenir y nos olvidamos de fijarnos en la belleza y el amor que nos rodean, nos estamos perdiendo la esencia de la vida».

Tras hacer el Camino dos veces, Valerie, una canadiense especialista en relaciones públicas, aprendió la siguiente lección: «En ambas ocasiones me enseñó a disminuir el ritmo y a ver y experimentar de verdad las cosas que me rodean en vez de pasarme el día, la semana y la vida corriendo. También me enseñó a estar abierta a las lecciones que el Camino me estaba enseñando: que hay que tener paciencia, que las cosas no siempre salen como las planeas, que no todo el mundo experimenta el Camino de la misma forma o aprende las mismas lecciones aunque estén haciendo exactamente la misma ruta que tú. Como en la vida misma :-)».

Pearl, de Nueva Zelanda, aprendió a centrarse en la experiencia en vez de seguir sus planes a rajatabla: «Llevaba dos semanas en el

Camino y tenía una lesión en la rodilla que cada día iba a peor...
Ese día en concreto, mi hija me dijo que NO íbamos a caminar,
sino que iríamos en autobús hasta el siguiente pueblo. Finalmente
acabé cediendo y esa mañana no salimos de nuestro saco de dormir
mientras oíamos a todo el mundo salir por la puerta. Yo estaba muy
disgustada, ya que mi plan era hacer el camino entero. Subí labo-
riosamente las escaleras para ir a desayunar y nos sentamos en una
esquina. Mientras me tomaba un té en mi mesa, con las lágrimas corriendo por las mejillas, un ciclista italiano muy alto se me acercó y
me dio un abrazo enorme; señaló su rodilla vendada mientras decía
"Problemo", y levantó varios dedos para indicarme (o eso supuse)
cuántos días había tenido que detenerse él. Y después me dijo en
inglés: "Okay, it's okay" [No pasa nada]. Me volvió a envolver en
un abrazo y se fue. Por supuesto, todo eso me hizo llorar todavía
más, pero ya no tanto por autocompasión. A partir de entonces,
cuando nos pasaba algún contratiempo que no esperábamos, nos
decíamos: "It's okay". Ahora, de vuelta a casa, ya no dejo que los
pequeños detalles me molesten; simplemente me digo que no pasa
nada si el camino de hoy ha tomado un giro inesperado; ya veremos
a dónde nos lleva. Estoy mucho más relajada en muchas cosas; no
permito que los pequeños detalles me enerven y soy consciente de
que mi vida puede cambiar de formas impredecibles: "It's okay".
Aprovecha cualquier oportunidad que se presente y ya te las apa-
ñarás después».

Mi experiencia al trabajar para el alcalde de Washington D. C.
durante el discurso de investidura de Obama también me enseñó a
olvidarme del mapa y centrarme en la experiencia. Hizo falta una
planificación exhaustiva y muchísimo trabajo de personas de todo
el ayuntamiento de Washington D. C. para asegurarnos de que el
día fuera como la seda para esa cantidad récord de asistentes. Yo
pasé mucho tiempo en el ojo del huracán, ayudando con la coordi-
nación e informando al alcalde de todos los preparativos. Durante
las cuarenta y ocho horas antes y después de la toma de posesión

del presidente estuve en el centro de operaciones de emergencias, corriendo arriba y abajo para ver si el plan salía como estaba previsto. No me detuve hasta que alguien me pidió que me callara. Esa persona tuvo muchos arrestos para enfrentarse a mí, el representante del ayuntamiento, pero pronto me di cuenta de que tenía razón. Levanté la mirada del tráfico de comunicación que llegaba y miré el televisor. Aretha Franklin estaba cantando en la ceremonia de investidura. Todos los ojos del centro de operaciones de emergencia estaban pegados a la pantalla; muchos anegados en lágrimas. Ese momento me hizo advertir lo histórica que era esa ceremonia. Sí, teníamos un plan que debíamos seguir, pero también teníamos que acordarnos de dejarlo un poco a un lado y vivir el momento como humanos. Me sentí muy avergonzado.

En la mayoría de los itinerarios a pie y en bicicleta que hago miro a menudo el mapa. En muchas rutas hay indicadores, desde el letrero ocasional hasta rayas pintadas en árboles. A partir de algunas malas experiencias perdiéndome en otras rutas, aprendí que no me podía fiar solo de la señalización. Puede que faltaran indicadores. Puede que yo no los viera. Mirar el mapa cada dos por tres había acabado convirtiéndose en una costumbre al salir a caminar o en bici.

Y entonces llegué al Camino, la ruta más fácil de seguir que he visto jamás. Todo estaba muy bien indicado, con carteles oficiales complementados con sencillas flechas de pintura amarilla. Además de seguir los indicadores, también sabía cuál era el camino gracias al sentido común y a lo que me transmitían mis alrededores. En los pueblos advertí que el camino solía transcurrir por la calle comercial principal. Cuando no sabía hacia qué lado ir, miraba a mi alrededor para ver si había algún peregrino delante de mí.

Acabé dándome cuenta de que no necesitaba tener la nariz metida en el mapa constantemente, y entonces mi experiencia cambió. Seguí exactamente la ruta que había planificado sin tener que sacar el mapa cada dos por tres. Las pocas veces en las que me aparté del

plan fueron intencionales, porque decidí seguir con los demás peregrinos en vez de ceñirme a mi planificación.

Al no estar centrado en mis planes sobre el papel experimenté
muchísimas más cosas. Simplemente decidí llegar al destino de cada
día y seguir las indicaciones y señales necesarias. Sabía que, con
solo lograr mi objetivo de cada día, llegaría a mi meta de completar
el camino y llegar a tiempo para tomar el avión de vuelta a casa.
Esta forma de pensar fue liberadora. A menudo miro mis fotos del
Camino. Dándole de comer a un burro. Mirando a un pastor dirigir
un rebaño de cientos de ovejas. Observando a una monja tocando
la guitarra. Me pregunto cuántas de esas imágenes me habría perdido si hubiera estado mirando un papel en vez de fijándome en el
mundo que me rodeaba.

LECCIÓN DE LIDERAZGO DEL CAMINO:
DEJA DE MIRAR EL MAPA Y DISFRUTA DE LA EXPERIENCIA.

▸ *Planifica las experiencias*: si estás trazando un plan, identifica
   aquellos momentos en los que deberías dejar más tiempo para
   experimentar lo que pasa alrededor. Pueden ser las vacaciones u otros eventos importantes de tu organización. Pueden ser
   puntos de control claves de tu proyecto que se presten como un
   momento natural para celebrar o reflexionar. Deja espacio para
   estas cosas en tu planificación para no perdértelas.

▸ *Deja margen*: hay algunas experiencias significativas que son
   impredecibles. Puede que recibas una buena noticia inesperada
   o que superes un obstáculo imprevisto. Sea lo que sea, debes
   tener algo de espacio en tus planes para poder hacer pausas no
   planificadas sin poner en peligro la fecha final del proyecto.

▸ *Crea formas de compartir experiencias*: es natural organizar
   reuniones de equipo a partir de los productos finales, las etapas,

los riesgos y otras partes del plan. Pero limitarse únicamente a estas cosas puede hacer que las personas repriman sus experiencias. Añade un punto al orden del día para que la gente pueda compartir las lecciones aprendidas y otras experiencias.

Controla tu calendario

Un peregrino típico se marca fechas para empezar y acabar el Camino, pero no cuenta con un plan rígido para cada día. Para muchos peregrinos resulta muy liberador deshacerse de estos patrones a los que están acostumbrados en el trabajo. Kat, una agente hipotecaria de los Estados Unidos, lo explicó de la siguiente forma: «Tengo un trabajo muy estresante e intenso: no sé dónde van a parar mis días, pero de media me paso unas dieciséis horas diarias trabajando. En el Camino fue increíble levantarme y saber que lo único en lo que tenía que pensar ese día era en ir del punto A al punto B». Y esto fue lo que opinó Steve, un desarrollador de *software* de Irlanda: «La esencia del Camino es volver a vivir de forma básica. Levantarte al amanecer, empezar el día, encontrar una cafetería para un desayuno con muchos carbohidratos. Después, ponerse en marcha hacia el destino, llegar al albergue y registrarse, hacer una siesta, cenar e irse a dormir. Y eso día tras día. Fueron unos días tranquilos y sencillos, muy lejos de mi experiencia actual como padre de tres niños pequeños».

Mi calendario se me había ido de las manos antes de hacer el Camino. Como casi una cuarta parte de la agencia estaba en el departamento que yo dirigía, tenía que asistir a muchísimas reuniones para representar a mi equipo. Cada noche, antes de salir, mi asistente me daba mi horario impreso para el día siguiente. Solían ser jornadas repletas de reuniones; a veces tenía dos o tres a la vez. Como las reuniones eran seguidas, a menudo llegaba tarde a una si la anterior se había alargado. Mis días parecían una combinación del juego de las sillas y la caza del tesoro. Me levantaba de la silla pasada una hora y tenía que ponerme a buscar la habitación con la siguiente silla en la que me iba a sentar durante la reunión siguiente.

El horario impreso siempre venía acompañado de una carpeta con un grueso fajo de papeles. Eran los materiales que se tocarían en cada reunión. No solo tenía programado cada minuto de mi jornada laboral; también me llevaba deberes a casa que tenía que leer para prepararme para cada reunión.

Mi calendario se había convertido en mi jefe; de hecho, era el jefe más controlador que había tenido jamás. Si un jefe humano me hubiera estado diciendo lo que tenía que hacer con cada minuto de mi tiempo, me habría buscado otro jefe y otro trabajo. Pero esto era lo que yo había elegido.

Cada día del Camino estaba repleto de actividad, pero no estaba programado al minuto. Yo sabía cuál era mi meta final, Santiago de Compostela, y tenía un objetivo diario con el que me aseguraba que llegaría a esa meta. Pero no compartimentaba mi día en secciones de treinta minutos. Empezaba cada día al amanecer. Me detenía a descansar o comer cuando surgía la oportunidad, no cuando las manecillas de un reloj me lo dictaban. Al liberarme de un horario detallado para cada día, podía disfrutar de mi jornada diaria con mucha más plenitud. Si conocía a alguien interesante durante la comida y quería quedarme un rato más, podía hacerlo. Si me topaba con un paisaje que cortaba el aliento, podía detenerme un rato, sacar la cámara y tomar un montón de fotos. Yo llevaba las riendas de mi tiempo.

El tiempo es el recurso más inalterable y escaso que tienen los líderes. Un líder debe ser tan inteligente a la hora de invertir su tiempo como lo es con cualquier otro recurso. Si acaba convirtiéndose en un esclavo de su calendario, tiene que retomar el control despidiendo a su horario actual y volviendo a empezar.

Además de gestionar mejor su tiempo, un líder debe ser consciente de que él es quien marca el ritmo del equipo entero. Cualquier mejora en su forma de gestionar su calendario puede ser un ejemplo para los demás.

LECCIÓN DE LIDERAZGO DEL CAMINO:
CONTROLA TU CALENDARIO.

▸ *Identifica cuáles son tus reuniones obligatorias*: estas reuniones son aquellas a las que tú, y solo tú, debes asistir. Por ejemplo, las reuniones individuales con tu jefe y con tus subordinados directos. También se incluyen aquellas reuniones en las que, debido a tu cargo, solo tú tienes la autoridad de tomar las decisiones necesarias. Busca formas de aprovechar el tiempo de una forma más eficiente en estas reuniones. Plantéate reducir su duración o frecuencia. Piensa si sería suficiente con pasarse un momento por la oficina de alguien o con una llamada telefónica.

▸ *Gestiona las reuniones en las que solo estás como representante*: estas reuniones son aquellas a las que te invitan como representante de los intereses de tu organización de forma indirecta (por ejemplo, si no tienes que votar o dar tu aprobación). Identifica unas pocas reuniones que sí sean importantes y en las que quieras implicarte estrechamente. Sigue asistiendo a esas reuniones y, para las demás, elige a las mejores personas de tu equipo para que te representen. Plantéate delegar la asistencia a estas reuniones de forma rotativa. La mayoría de las personas a quienes se lo propongas agradecerán la oportunidad. Déjales claro a cada uno de tus delegados cómo quieres que te representen. Explícales qué autoridad les concedes y cómo deben mantenerte informado.

▸ *Gestiona las «demás» reuniones*: estas reuniones son aquellas a las que no tienes que asistir aunque hayan conseguido meterse en tu calendario. Identifica cuáles son un desperdicio de tu tiempo. Decide cómo filtrarlas en un futuro.

▶ *Reinvierte tu tiempo libre*: aprovecha sabiamente todo el tiempo que has ganado. Visita a las personas a las que no sueles ver en las reuniones. Refuerza tu relación con otras partes interesadas. Dedica tiempo a reflexionar. No vuelvas a «enredarte» con nuevas reuniones.

▶ *Crea un horario nuevo y pruébalo*: rehaz tu calendario y síguelo durante unos días de prueba. Déjales claro a los demás que puedes volver a encargarte tú de las reuniones que delegues según cómo vaya la prueba. Repasa tu calendario con frecuencia y ve readaptándolo como sea necesario.

CAPÍTULO 6

Comparte

Fuente de vino gratis en Bodegas Irache.

EL CAMINO ENSEÑA A LOS PEREGRINOS EL VALOR DE COMPARTIR. LAS posesiones de los peregrinos se limitan a lo que pueden acarrear en la mochila. Quizá porque llevas tan pocas cosas encima, las posesiones materiales parecen menos importantes. Compartir se convierte en una reacción y en un hábito.

Jo Anne, una peregrina de los Estados Unidos, aprendió una importante lección sobre compartir en el Camino: «Durante varios meses antes de salir para hacer el Camino estuve soñando que conocía a un peregrino que se había hecho daño en la rodilla, así que yo le daba mi bastón de andar. Yo no voy con bastones de andar porque tengo un brazo lesionado, pero a causa de ese sueño me llevé dos. En el Camino conocí a dos hombres y uno de ellos se había lastimado la rodilla. Me preguntó si sabía dónde podía comprar un bastón de caminar. Le conté mi sueño y le dije que podía quedarse con el mío. El hombre rompió a llorar y empezó a disculparse. Su amigo, que había entrado a comprar café, salió y me preguntó qué había pasado. Le expliqué que le había regalado mi bastón y él me contó que ese hombre había perdido a su mujer unos meses antes y que todavía no había derramado ni una lágrima. Después me dio las gracias por ayudar a su amigo a finalmente poder llorar a su esposa. Volví a encontrarlos unos días después y el hombre a quien le regalé el bastón me dijo que se sentía como si le hubieran quitado un peso enorme de encima. Estoy muy contenta de haber acarreado esos bastones durante unos cientos de kilómetros: aprendí una lección extraordinaria sobre compartir».

Kat, de los Estados Unidos, me dio otro ejemplo del poder de compartir: «La primera vez que hice el Camino conocí a un hombre que intentaba superar la muerte de su hermano. Para él fue un gran sacrificio incluso poder llegar al Camino, tanto económicamente como por el hecho de estar lejos de su esposa y de su hijo. No le quedaban más que un par de dólares. Yo me iba al día siguiente. Le di literalmente la camiseta que llevaba puesta, mi querida camiseta de la suerte que me había regalado mi padre, y todos los euros que llevaba encima. No me lo pensé dos veces; él lo habría hecho por cualquier otra persona. Se mostró muy agradecido; era un hombre muy humilde, pero, además, una persona increíblemente amable que compartió sus historias y pensamientos conmigo. Será siempre uno de mis favoritos entre las personas que conocí en mi viaje».

Cuando leí este valor de compartir por primera vez me pareció algo adecuado para el espíritu del Camino, pero me pregunté lo relevante que podría ser una vez de vuelta a mi vida normal. Mi MBA en finanzas me enseñó más sobre el arte de negociar que sobre la alegría de compartir. Miraba la vida en el mundo empresarial como un juego competitivo: para ganar, tenía que conseguir más que el otro. Estaba preparado para dejar esta mentalidad a un lado durante el mes que hiciera el Camino; iba a compartir, a dejarme llevar por el ambiente. Tampoco es que tuviera tantas cosas para compartir: todas mis posesiones para ese mes cabían en mi mochila. Como ya me imaginaba, compartir es un acto natural en el Camino. Lo que sí que no me esperaba fue encontrar formas de incorporar el acto de compartir en el mundo empresarial que me esperaba a la vuelta.

Comparte de forma provechosa

Algunos peregrinos acaban dándose cuenta de que compartir puede ser tan beneficioso tanto para el que da como para el que recibe. El Camino le enseñó a Peter, el *coach* para empresarios de los Países

Bajos, una lección muy valiosa que pudo aplicar en su negocio de vuelta a casa. «Ahora comparto todo lo que sé. Mi modelo empresarial ha cambiado. Puedes acceder a todos los conocimientos que he publicado y utilizarlos. Incluso te sugeriré material si creo que puedo ayudarte, o puedes pedírmelo: yo lo compartiré. Solo te cobraré si quieres que me implique yo en persona». Lysa, una paramédica de Inglaterra, resumió la lección sobre compartir que aprendió en el Camino de una forma bastante elegante: «Cada vez que regalas algo en el Camino tu mochila se hace un poco más ligera».

Antes de hacer el Camino, mi primera experiencia real de liderazgo real había sido con la asociación de alumnos mientras estudiaba para mi MBA. Estuve un año como presidente del consejo estudiantil que representaba a todos los estudiantes de las doce escuelas profesionales y de posgrado de la universidad. Para mí era un puesto muy importante, ya que representaba a más de diez mil personas y, además, tenía que gestionar un presupuesto de más de cien mil dólares. Aprendí muchas lecciones de liderazgo en ese puesto. Y una me quedó muy clara cuando volví a recordarla en el Camino.

El mayor objetivo de nuestra asociación de alumnos era lograr un espacio social destinado a la población estudiantil. Cada una de las escuelas profesionales y de posgrado contaba con sus propios espacios y consejos estudiantiles, pero no había un espacio compartido donde los estudiantes de todos estos sitios pudieran reunirse. Consideramos que se trataba de una oportunidad enorme y desaprovechada para ayudar a todos nuestros votantes. La vida de posgraduado puede ser bastante solitaria, especialmente si estás en un programa pequeño o lejos de tu hogar. Todavía me acuerdo de un estudiante de ingeniería que me contó que se había pasado toda la noche solo en un laboratorio observando cómo se doblaba una pieza de metal para anotar cuándo se rompía. Un espacio social compartido podría ser de mucha ayuda para alumnos como él. Como estudiante de MBA, también lo vi como una oportunidad empresarial. Todas las escuelas de posgrado estaban muy bien valoradas en sus respectivos campos. Yo visualizaba este espacio compartido como un laboratorio de innovación, donde los estudiantes de empresas podrían mezclarse con estudiantes de ingeniería o medicina; un lugar donde podrían nacer nuevas empresas.

Volví al campus cuando se cumplieron veinte años de mi graduación y me invitaron a un reencuentro de líderes ya graduados del consejo estudiantil. La reunión se hizo en el centro de estudiantes de posgrado, que celebraba su treceavo aniversario. Era mucho más grande y había muchísima más gente de lo que yo jamás habría podido imaginar. Cuando estaba en el consejo de estudiantes, teníamos que dedicar gran parte de nuestro presupuesto a elaboradas actividades con comida, bebida, regalos y entretenimiento gratis para que los alumnos se conocieran y alternaran. En cuanto esta terminaba, todo el mundo volvía a irse por donde había venido. No veíamos que aumentara demasiado la interacción entre las distintas escuelas fuera de nuestros eventos. Cuando pregunté cuál era el secreto del éxito del centro de estudiantes de posgrado, la respuesta me sorprendió por su sencillez: café gratis.

El Camino de Santiago pasa entre las bellas regiones vinícolas de La Rioja y Navarra, al noroeste de España. El mejor momento de un día de caminata desde Estella hasta Los Arcos fue la fuente de vino que una de las bodegas había puesto para los peregrinos. Los peregrinos están invitados a llenar sus cantimploras de vino gratis directamente del grifo. La fuente está en un lugar lo suficientemente remoto como para desanimar a cualquiera que no sea un peregrino, y se cierra cuando anochece. Al lado de la fuente hay un cartel con el siguiente poema:

NORMAS DE USO

A beber sin abusar
te invitamos con agrado,
para poderlo llevar,
el vino ha de ser comprado.

Cuando llegué a la fuente de vino, descargué mi bolsa y decidí descansar un poco. Llené mi botella de agua de ese buen vino tinto, me relajé y, entre sorbo y sorbo, me puse a observar a los demás peregrinos que pasaban. Muchos no se podían creer que el vino fuera gratis. Y nadie abusó de la generosa oferta.

Fue extraordinario ver el ánimo que cobrábamos todos tras un vaso de vino gratis. Durante los días siguientes fue uno de los temas de conversación destacados con los demás peregrinos. Además de refrescarnos, la bodega mostraba de esta forma su apreciación por la misión de los peregrinos. Era un momento memorable tras haber subido las cuestas, y también les brindaba a los peregrinos la oportunidad de parar y conocerse.

Tras terminar el vino y volver a ponerme en marcha, el empresario que hay en mí empezó a darle vueltas al asunto. ¿Cuánto gasto debía de suponer para la bodega esta fuente? ¿Qué beneficio obtenían?

Tras pensarlo, me imaginé que, para la bodega, los costes debían de ser mínimos. La fuente estaba en la pared de uno de los edificios de producción o distribución, lo que implica que no había costes de transporte adicionales. Y, aunque el sabor del vino era estupendo, seguramente era el más barato.

Después, planteándome las ventajas que suponía para la bodega, caí en que ganaban más cosas que la buena voluntad de los peregrinos. La marca se llevaba una buena publicidad. Muchos peregrinos se toman una foto con la fuente y comparten la historia. La bodega incluso tiene una cámara web en directo para que todo el mundo pueda ver a los peregrinos que beben de la fuente, con lo que la marca, Bodegas Irache, se menciona más. Y algunos peregrinos incluso hablan de ella en los libros que escriben sobre el Camino.

Tras el Camino empecé a buscar otros lugares donde las empresas regalan cosas que implican un bajo coste para ellos pero que suponen mucho para los receptores. Me vino a la mente el béisbol profesional, cuando algún jugador de la liga mayor de los Estados Unidos lanza la pelota a un joven espectador del estadio. El coste de la pelota es insignificante para el equipo, pero esta pasa a convertirse en un recuerdo valiosísimo en cuanto la toca uno de los jugadores.

LECCIÓN DE LIDERAZGO DEL CAMINO:
COMPARTE DE FORMA PROVECHOSA.

▸ *Identifica elementos con un valor no aprovechado*: muchas organizaciones cuentan con cosas sin demasiado coste o valor para ellas pero que sí son muy apreciadas por sus clientes o accionistas. Algunas pueden ser tangibles, como producción sobrante, devoluciones, materiales usados o productos derivados. Otras pueden ser experiencias, como recorridos por el proceso de fabricación o por la historia de una línea de productos. Evalúa tu organización para identificar elementos con un valor no aprovechado y plantéate compartirlos.

▸ *Identifica si compartir te podría ayudar en algún objetivo*: si tienes un objetivo que te cuesta conseguir, plantéate usar los obsequios como una nueva táctica. Por ejemplo, si quieres crear más interacciones entre las distintas funciones de tu organización, ofrece algo que atraiga y reúna a personas de distintas áreas de tu empresa. En uno de mis empleos, por ejemplo, la empresa puso un futbolín gratis y acabó convirtiéndose en un lugar donde la gente acudía para interactuar con otros equipos. Otras empresas ofrecen comida o aperitivos gratis por este mismo motivo u otros.

▸ *Maximiza el reconocimiento*: los líderes cuentan con un recurso muy valioso que pueden obsequiar de forma gratuita y sin límite: el reconocimiento. Cuesta muy poco decirle a alguien que aprecias su trabajo. Construye canales en tu organización para que el reconocimiento fluya con mucha más libertad. Hazlo y predica con tu ejemplo. Convierte el reconocimiento en algo que tus subalternos esperen recibir de ti. Crea oportunidades para alabar los méritos de los demás. Mientras que el reconocimiento que des sea genuino, nunca te sobrepasarás.

Comparte con los demás

Compartir en el Camino es contagioso. Cuando un peregrino comparte con los demás, se le suelen sumar otros. Hans, de Bélgica, lo explica así: «Durante la travesía la gente iba compartiendo cosas, especialmente historias pero también comida. Todo el mundo ponía algo de su comida y la cena acababa convirtiéndose en un festín, o al menos esa era la sensación que teníamos». Algunos peregrinos como Larry, de Australia, continúan con ese espíritu de compartir aun tras finalizar el Camino: «Después de hacer el Camino por segunda vez me parecía muy agradable ayudar a las personas, escucharlas, compartir cosas con ellas porque, cuando estás en el Camino, eso es lo que haces cada día. Pero el Camino es un recorrido por la vida, no solo un sendero; al vivir y compartir con los demás, disfrutamos el camino de la vida muchísimo más».

Cuando me mudé de California a Washington D. C., varios años antes de hacer el Camino, busqué oportunidades de voluntariado como una forma de implicarme en la comunidad. Encontré muchísimas opciones donde podía contribuir de forma individual: dando clases o haciendo de orientador infantil, por ejemplo. También quería conocer a gente nueva, así que finalmente me uní a un grupo llamado Compass. Compass es una organización que recluta a personas con experiencia en consultoría para ofrecer estos servicios de forma gratuita a organizaciones sin ánimo de lucro de la zona. Me encantaba que en Compass estuviéramos organizados por equipos; yo me uní a uno que ayudaba a una ONG dedicada a la comunidad hispánica. Nos dedicamos a ayudarlos a desarrollar una nueva estrategia para levantar fondos. El proyecto fue un éxito para el cliente.

Y, en otro aspecto, para mí también lo fue. Todavía sigo en contacto con personas de ese equipo de consultores una década después. He trabajado en docenas de equipos de proyectos en mi carrera profesional como consultor, pero mi equipo en Compass cuenta con una camaradería más duradera que la mayoría. Todos regalábamos nuestro tiempo libre individual a una organización benéfica, pero lo hacíamos en equipo. Creo que ese fue el factor que nos unió más estrechamente.

Al final de un día en el Camino me detuve en una pequeña tienda, compré unos aperitivos y una botella de vino de la región y me dirigí paseando hacia mi albergue. Antes de llegar, advertí a un par de peregrinos sentados en el parque, compartiendo vino y algo para picar. Me invitaron a sentarme con ellos y compartimos la comida y la bebida. Unos cuantos más acabaron uniéndose a nosotros. En poco rato acabamos montando un pícnic con personas de muchos países distintos.

Años más tarde, sigo en contacto de forma regular con varios de esos peregrinos. Los he visitado en California, Inglaterra, Irlanda y Suecia. He conocido a varias personas en mis viajes, pero ninguna ha acabado convirtiéndose en una relación tan duradera como las que trabé ese día. Pienso que nuestro vínculo sigue siendo fuerte porque todos compartimos una experiencia importante.

Esas experiencias me han enseñado el poder de compartir de forma colectiva. Cuando un grupo comparte cosas hay más gente que se atreve a unirse a él. Y también es todo mucho más divertido.

LECCIÓN DE LIDERAZGO DEL CAMINO:
COMPARTE CON LOS DEMÁS.

▸ *Convierte los días de equipo en días de servicio*: he trabajado para organizaciones que conceden a sus trabajadores un día libre para que lo dediquen a fomentar el espíritu de equipo. He hecho varias cosas muy divertidas, como *rafting* en rápidos, visitar parques de atracciones o ir a esquiar. Uno de mis eventos de equipo favoritos fue construir una casa para la organización sin ánimo de lucro Habitat for Humanity. Fue la mejor combinación de diversión, aprendizaje y espíritu de equipo que he vivido jamás. Si te planteas hacer un evento para tus equipos, plantéate uno de voluntariado en una organización benéfica; hay algunas que están muy organizadas, como Habitat for Humanity. También pueden ser actividades informales, como recoger la basura de un parque o una playa.

▸ *Permite a los demás devolverte el favor*: dales la oportunidad de devolverte el favor a aquellos a quien ayudes. Pregúntales si estarían dispuestos a explicar la experiencia para demostrar la aportación de tu organización a la comunidad. Al compartir esos testimonios, publicitas sus necesidades a otros posibles colaboradores.

Comparte cosas sobre ti

Hay un proverbio en el Camino que dice que, tras caminar una milla con alguien, lo sabes todo de esa persona excepto su apellido. Hay algo en el hecho de cruzar un país a pie que hace que la gente se abra a los demás. En vez de las cosas superficiales que se preguntan al conocer a otros en el «mundo real», la gente del Camino comparte mucho sobre sí misma. A menudo las personas hacen el Camino para enfrentarse a una pérdida o a una transición importante en su vida. Si los peregrinos comparten sus motivos para caminar con los demás, comparten una parte real de sí mismos. Hans, de Bélgica, lo explicó de la forma siguiente: «Fue un alivio poder compartir con casi perfectos desconocidos historias y pensamientos que nunca has contado a tus mejores amigos o familiares; pude dejar de cargar yo con todo ese peso». Aunque las relaciones en el Camino suelen ser cortas, están cimentadas en el hecho de compartir.

A medida que iba asumiendo posiciones de más liderazgo en mi carrera profesional, empecé a construir una barrera entre mi vida personal y laboral. Uno de los motivos era la privacidad. Mis equipos eran cada vez mayores y había cada vez más gente con la que tendría que abrirme. Otro motivo era mi respeto por el tiempo personal de los demás. Aunque a mí me gustaba conocer a las familias de mis compañeros de trabajo, eso a menudo implicaba estar haciendo algo relacionado con el trabajo fuera del horario laboral normal. No quería tener que pedirles a otros que cedieran parte de su vida personal.

Todavía recuerdo claramente un ejemplo. Uno de mis equipos sugirió varias veces que nos conociéramos fuera del trabajo para fomentar el compañerismo y conocer a las parejas de los demás. Yo siempre lo dejaba para más adelante con un «Ya lo pensaré» sin ninguna intención de darle seguimiento y esperando que la idea acabara por quedar en el olvido. Entonces, uno de los miembros del equipo tomó la iniciativa y nos invitó a todos a cenar un fin de semana en su casa. Respondí a la invitación diciendo que, sintiéndolo mucho, no podía asistir. Quería dejarle claro a todo el equipo que no debían sentirse obligados a ir a la cena. Pensé que así la idea también acabaría quedando en nada. Pero el equipo entero acudió a la cena. Todos, excepto yo. La verdad es que dejé pasar una gran oportunidad. Sobreestimé lo importante que era mi presencia para el equipo. Y subestimé lo importante que era *el equipo* para el equipo. Estuve demasiado centrado en mí mismo y fui muy grosero.

Cuando dejé el puesto, me enteré de que a algunas personas de la empresa les había parecido difícil conectar conmigo. Me dijeron que yo tenía fama de ser un líder motivado por la estrategia, los datos y los resultados. Me gustó que me consideraran así. Lo que no me gustó tanto fue oír que también tenía una reputación de ser muy distante y excesivamente analítico. Incluso me dijeron que algunas personas me percibían como un «abusón intelectual» que no se dejaba conocer.

Volví del Camino mucho más dispuesto a abrirme. La experiencia me hizo salir de mi ostracismo. Una noche estaba cenando tras un día de caminata y los peregrinos empezaron a cantar de forma espontánea; yo me uní a pleno pulmón, a pesar de que cantar se me da fatal. Cuando volví a casa, compartí esa canción del Camino con mis amigos, castigándolos con mis berridos desafinados. Dudo mucho de que les pareciera una buena ejecución, pero sí que vieron un buen cambio en mí. También empecé a compartir lo que escribía con mis amigos. Al menos intentaban hacer ver que mis escritos les parecían buenos. De todos modos, sí que creo que apreciaron verme más comunicativo. Empecé a abrirme más y, de algún modo, esta actitud acabó desembocando en este libro, que estoy escribiendo para esos amigos a los que todavía no he conocido.

LECCIÓN DE LIDERAZGO DEL CAMINO:
COMPARTE COSAS SOBRE TI.

▸ *Comparte tu «manual de usuario»*: cuanto más tiempo trabajemos con otros, más sabremos cómo es trabajar con nosotros. Todos tenemos nuestras experiencias, asuntos delicados, estilos y puntos de vista que dan forma a nuestro modo de trabajar con los demás. Contarle todas estas cosas a alguien cuando empezamos a trabajar con él puede ahorrarle una experiencia de aprendizaje dolorosa. Reconocer tus propias peculiaridades también puede llevar a un diálogo abierto que ayudará a tus compañeros a abrirse a ti.

▸ *Comparte historias personales*: si lo ves adecuado, cuando estés formando a otros aprovecha para contar tus propias vivencias. Si alguien necesita una inyección de confianza tras una experiencia negativa, háblale de algún momento de tu pasado donde hayas superado una situación similar. Al tratar con grupos, usa anécdotas personales que vengan al caso para poner los temas de trabajo en contexto. Si estás hablando con personas que acaban de empezar en tu empresa, por ejemplo, cuéntales algo de tu primer día para conectar con ellos.

‣ *Crea canales para compartir cosas de ti*: crea formas de conectar con las personas en tu trabajo que vayan más allá de los canales formales. Algunas ideas útiles pueden ser las políticas de puerta abierta o de horas libres donde los demás puedan hablar contigo sin cita. Fuérzate a salir y dar una vuelta por la empresa para hablar con la gente de forma informal. E incluso mejor: lleva algo contigo para romper el hielo, como unos aperitivos, que puedas ofrecer para iniciar conversaciones.

CAPÍTULO 7

Ten presentes a aquellos que han venido antes que tú

Señal conmemorativa de un peregrino que murió en el Camino.

EL CAMINO HA SIDO TRANSITADO DURANTE MÁS DE MIL AÑOS, Y LOS peregrinos de hoy sienten la presencia de sus predecesores. Erik, de los Estados Unidos, me contó lo siguiente: «Lloré cuando vi las marcas en las escaleras de piedra de las catedrales donde, durante siglos, los peregrinos se habían arrodillado incluso antes de que yo naciera». Tiera, docente de diseño humano de Hawái, comentó esto: «Recuerdo ir andando por un tramo de la antigua carretera romana, creo que en Sahagún. Podía sentir, casi oír, las botas de los soldados romanos marchando rítmicamente». Wijnand, un peregrino de las redes sociales de los Países Bajos, resumió así el sentimiento: «Los peregrinos de cualquier momento y país pueden entenderse entre sí, desde luego. Y todas esas personas que han recorrido el camino antes que tú añaden un cierto peso a toda la experiencia. A veces casi podía percibirlos mientras recorría caminos que sabía que llevaban usándose casi diez siglos».

Este valor me llegó a lo más hondo en un viaje a Alemania, un año después de hacer el Camino. Estaba visitando un pueblo donde mis antepasados de la familia Prince habían vivido antes de emigrar a América en el siglo XVIII. En el recorrido por el que me guiaron mis primos lejanos alemanes, advertí el símbolo de la concha de vieira en la plaza principal. La placa anunciaba que estábamos a 2.516 kilómetros de Santiago. Más adelante descubrí que en ese pueblo convergían dos caminos que los peregrinos provenientes del este, desde lugares tan alejados como Praga, recorrían para llegar a Santiago. Una señal al lado de la vieira indicaba que los peregrinos podían quedarse en la iglesia del pueblo y que, si estaba cerrada, en la carnicería encontrarían una llave. Mis antepasados se bautizaron y casaron en esa iglesia durante los siglos XVII y XVIII. Me pregunté si alguno de ellos había conocido o ayudado a algún peregrino. ¿A alguno le había atraído la idea de hacer el Camino? Yo siempre había asumido que era el primero de mi familia en hacer el Camino, pero ahora ya no estaba tan seguro. El pensamiento me arrancó una sonrisa.

Honra a tus predecesores

Las personas que están hoy en el Camino honran a los peregrinos del pasado de diferentes formas. Mi historia favorita es la de Tammy, una jubilada estadounidense: «Yo acababa de terminar una cena compartida con otros peregrinos en un albergue. El propietario del lugar le pidió a cada peregrino que eligiera un papel de una de tres jarras que contenían mensajes en inglés, alemán y español. Cada trozo de papel era una nota que algún peregrino que se había alojado en el mismo albergue había dejado para aquellos que iban a seguir sus pasos. El propietario preguntó si alguien quería leer su nota en voz alta. La mía estaba en inglés, pero tuve la sensación de que no se trataba de la lengua materna del autor. En la nota se explicaba la historia de una pareja que llevaban casados cuarenta y cinco años y que, tras jubilarse, habían decidido hacer el Camino juntos. Antes de llegar a Santiago de Compostela, Lola, la mujer, falleció. El marido tuvo que abandonar el Camino y se llevó los restos de su mujer de vuelta a casa para enterrarla. Después decidió volver a España para retomar el Camino donde lo había dejado. Cuando finalmente llegó a Santiago, él también se puso enfermo y murió. La nota terminaba explicando que el autor era el nieto de Lola y de su marido, y que estaba haciendo el Camino para honrar su memoria».

Antes de hacer el Camino trabajé para un banco importante, y cuando la empresa compró una compañía *online*, yo pasé a liderar el departamento de *marketing* en ella. Tuve algunas semanas para hacer la transición, así que me empapé de toda la información anterior de mi nuevo equipo para ver dónde podía haber áreas de mejora. Y encontré una muy importante. Cuando empecé en mi nuevo puesto, presenté mi brillante análisis a la encargada del equipo de esa parte del programa y ella arregló rápidamente el problema. Los ingresos aumentaron en un 600 % en aquel canal. Me sentí como si fuera un héroe. En mi puesto había conseguido tener un impacto inmediato y remarcable. Presumía de ello en cada ocasión que se me presentaba. Me imaginé que me ascenderían en breve.

La primera semana que hice el Camino me lo planteé como una carrera. Caminaba más rápido que la mayoría de los peregrinos, lo que implicaba pasarlos al menos una vez al día. Me enteré de que empezaba a ganarme la reputación de ser el tío rápido con el peculiar sombrero verde. Un grupo de británicos mayores y más lentos incluso llegaron a preguntarme si yo era un «militar de las fuerzas especiales». Aunque respondí que no con modestia, me encantó el reconocimiento. Mi afán de competición me había sido muy útil en mi carrera. Me alegraba que los demás lo percibieran también en el Camino.

Unos días más tarde el Camino casi me había derrotado. Había cometido un error en mi itinerario y tuve que andar mucho más en una misma jornada. Conseguí hacerlo, pero la experiencia me bajó los humos. El recorrido del día siguiente empezó con una larga y agotadora subida por una empinada colina bajo un sol abrasador. Más o menos a la mitad de la loma vi un poste en memoria de un peregrino que había fallecido en aquel lugar. Necesitaba parar a beber, así que me detuve ahí. Rendí homenaje al peregrino y seguí caminando. Vi otras marcas conmemorativas de los peregrinos caídos en el Camino, pero esta se me quedó grabada en la mente. No paraba de pensar en ese hombre, José G. Valiño. Solo sabía dos cosas de él: que, como yo, había empezado a hacer el Camino y que, a diferencia de mí (o eso esperaba), no lo había podido terminar.

Seguí andando, preguntándome qué podría haber causado el fallecimiento de José. ¿Cuántos años tenía? ¿Estaba en buena forma de salud? ¿Había sido por causa del mal tiempo? ¿Cuánto había caminado? Después me puse a pensar en qué debía de haberle traído al Camino. ¿Cuáles eran sus motivos? ¿Qué situaciones debió atravesar para siquiera empezar a hacerlo? ¿Había hecho alguna cosa similar anteriormente?

José me ayudó a darme cuenta de que el Camino no era una competición. Todo el mundo empieza desde un lugar diferente. Todo el mundo se enfrenta a distintos desafíos en su recorrido. A los peregrinos no les ponen nota en su Compostela.

Empecé a reflexionar sobre mi instinto competitivo en mi carrera profesional. Si hacía las cosas con más rapidez que los demás, eso no demostraba que yo fuera mejor. Me puse a pensar en el caso del banco, cuando creí ser todo un héroe. Me di cuenta de que no tenía ni idea de lo que podía haber costado preparar toda esa operación cuando empezaron a crearse las empresas *online*. Solo me fijé en cómo estaban las cosas en el momento en el que empecé. Sí, desde luego; había encontrado una forma de mejorar el funcionamiento, pero no había apreciado lo difícil que debía de haber sido montar toda la operación. No le había dado el reconocimiento necesario a las personas que habían creado el negocio que ahora yo heredaba. Y no, no me ascendieron.

LECCIÓN DE LIDERAZGO DEL CAMINO:
HONRA A TUS PREDECESORES.

▸ *Sé un modelo a seguir*: si criticas a tus predecesores, quedas tú en mal lugar. Los demás pensarán que estás buscando excusas por tus propios errores. Cuando hables de tus predecesores, intenta aprovechar tu perspectiva única para entender el contexto en el que actuaron.

▸ *Muestra reconocimiento por tus predecesores*: presenta la historia de tu organización. Destaca los logros principales de aquellos que estuvieron antes que tú. Mostrar reconocimiento por la historia anterior puede reforzar el sentimiento de identidad y camaradería de tu equipo. Intenta encontrar algún objeto emblemático de tus predecesores que puedas usar como símbolo de la historia de tu equipo.

Aprende de tus predecesores

Muchos peregrinos llevan un diario durante el Camino. Algunos incluso los publican. Los peregrinos llevan cientos de años haciéndolo. Algunos de estos diarios han llegado hasta nosotros y nos han revelado qué ha cambiado y qué sigue igual en el Camino con el paso de los siglos. Algunos de los peregrinos de hoy leen los relatos de peregrinos anteriores para encontrar inspiración o prepararse para el Camino. Carol, una estadounidense, describió su investigación: «Mientras me preparaba para el Camino, compré un libro llamado *Pilgrims' Footsteps* de Bert Slader, de Irlanda del Norte. Ese libro cambió realmente mi vida, así que escribí a Bert. Nos convertimos en amigos por correspondencia durante más de diez años, y me envió todos los demás libros que había escrito. Bert murió hace un año. Nunca llegamos a conocernos en persona. Bert hizo el Camino varias veces, y sus historias me acompañaron cuando lo hice yo».

Cuando salgo de ruta, a pie o con la bici, para mí la aventura empieza con la preparación. En cuanto he decidido el recorrido y las fechas, me pongo con la planificación. Como no acampo, tengo que investigar a fondo para encontrar lugares donde alojarme cada noche cerca del camino. Sumergirme en todos estos detalles me encanta. Es como si la aventura ya hubiera empezado.

Cuando decidí hacer el Camino, me zambullí con ganas en la planificación. He sido un analista durante gran parte de mi carrera profesional, así que me encanta sacar toda la información posible de los datos. Encontré una lista de todos los pueblos y aldeas que había a lo largo de la ruta, con las distancias que los separaban indicadas. Miré el mapa y vi que Pamplona era la ciudad de mayor tamaño cerca de la frontera más oriental de España, así que decidí empezar ahí. En cuanto tuve mi punto de partida, sabía que tenía que recorrer 707 kilómetros hasta llegar al final de la ruta en Santiago de Compostela. Tras descontar el viaje de ida y vuelta a España, me quedaban veintinueve días de viaje en el Camino. Calculé que tenía que caminar una media de veinticuatro kilómetros al día. Miré la lista de pueblos y advertí que había un pueblo llamado Puente de la Reina a esa distancia de Pamplona. Busqué un hotel por Internet. Como la mayoría de los pueblos del Camino son pequeños, era difícil encontrar hoteles *online*. Tuve que echar mano de la creatividad hasta que encontré un hotel en el centro de Puente de la Reina. Después busqué para ver si tenían sitio para la noche que necesitaba. Si no era así, tendría que replantearme toda mi ruta, pero ¡tenían una habitación libre! La reservé; pegué el mensaje y el número de confirmación en mi hoja de cálculo y me felicité a mí mismo.

Si podía repetir lo mismo veintiocho veces más, no iba a tener que acampar ni compartir mi habitación o lavabo con desconocidos. Con mi poderosa mente de analista iba a poder planificarme una ruta perfecta para el Camino. Dediqué muchas horas durante los siguientes días a terminar mi itinerario. Había muchas decisiones donde tenía que buscar un término medio. Si no podía encontrar un hotel a veinticuatro kilómetros del anterior, tenía que decidir si iba a caminar más o menos de lo previsto ese día para poder quedarme en un hotel que pudiera reservar. Y cada decisión repercutía a su vez en el resto del itinerario. Si hacía demasiados días de menos de veinticuatro kilómetros, tendría que caminar muchísimo más un solo día para recuperarlo. Me dolía la cabeza de pensar en todas las alternativas y posibilidades. Pero sabía que mi mente, formada para los negocios, podría salir victoriosa de esa batalla. Al fin y al cabo, había aprendido a calcular la optimización de programación lineal en Wharton, una de las escuelas de negocio más prestigiosas del mundo. Hasta el momento nunca había podido aplicarlo en la vida real, pero me había tenido que esforzar muchísimo para aprenderla: al fin tenía la oportunidad de ponerla en práctica. ¡Vaya si iba a optimizar la programación lineal de ese Camino!

Me llevó una semana entera. Estaba agotado. Pero, al final, conseguí un itinerario optimizado. El segmento más largo iba a ser de treinta kilómetros y el más corto, de diecisiete. Mi itinerario estaba plasmado en una hoja de cálculo con cientos de celdas de datos, desde las distancias cubiertas hasta las direcciones y correos electrónicos de los hoteles. Gracias a todo este duro esfuerzo, tenía una habitación y un baño privados garantizados cada noche. Sabía que me iba a enfrentar a muchos desafíos en el Camino, pero ya no tenía que preocuparme por encontrar una habitación donde dormir. Tras hacer la última reserva de hotel, me sentí increíblemente satisfecho conmigo mismo.

Al preparar las maletas para ir al Camino decidí buscar un mapa de caminos que pudiera llevar encima. Encontré una guía en Amazon que tenía muy buena pinta y que, además, me resultaba familiar. Entonces, Amazon me recordó que ya la había comprado varios meses antes. Era uno de los libros que había comprado cuando me puse a preparar mi primer itinerario de esa temporada sabática. En cuanto me decidí a hacer el recorrido en bicicleta por el Danubio, ya no me molesté en leer el libro del Camino. Lo busqué y lo metí en la mochila.

La noche antes de empezar el Camino abrí el libro para mirar el mapa. Y entonces me di cuenta de que los mapas estaban organizados en segmentos de unos veinticuatro kilómetros diarios. También había información de todos los albergues a lo largo del camino. Los hostales de los pueblecitos que tanto me había costado encontrar estaban en el libro. Básicamente, yo había creado el mismo itinerario a partir de cero. Con solo leer ese libro me habría ahorrado muchísimo trabajo. Ya no me sentía tan orgulloso de mi sofisticado itinerario resumido en la hoja de cálculo.

LECCIÓN DE LIDERAZGO DEL CAMINO:
APRENDE DE TUS PREDECESORES.

▸ *No te lances de cabeza*: puede ser más fácil empezar cada tarea nueva metiéndote de lleno en la parte que más atractiva te parece. Centrarte en los detalles desde un principio puede darte la sensación de que empiezas a buen ritmo. En vez de eso, detente un momento al principio de cada tarea nueva y busca información anterior que te pueda ser útil. Intenta encontrar a otras personas que se hayan enfrentado a las mismas tareas o a otras similares. Con esto puedes ahorrarte mucho tiempo y vergüenza, y evitarás «reinventar la rueda».

▸ *Pide a tus predecesores que te expliquen la situación*: cuando asumas un puesto de liderazgo, ponte en contacto con tu predecesor para que te cuente los conceptos más importantes del puesto, siempre que sea posible. Pídele su evaluación de los puntos fuertes y débiles del equipo, y de los peligros y oportunidades a los que se enfrenta. No solo conseguirás información útil, sino que te ganarás la simpatía de esta persona. Al ofrecerle la oportunidad de compartir sus ideas contigo, puede que sienta que juega un papel en tu éxito. Es posible que aprecie la ocasión de darte más contexto sobre decisiones que tomó cuando estaba en tu puesto.

▸ *«Documéntate» para tu nuevo puesto*: ponerte al día en un nuevo puesto de liderazgo es una de las mejores formas de asegurar tu triunfo. Reúne todos los informes de rendimiento, estudios y demás datos que encuentres y que te puedan ayudar a entender tu nuevo rol. Pídele ayuda para ello a tu predecesor o a la persona que te ha contratado. El tiempo que pasa entre el momento en que te contratan y el momento en el que empiezas de verdad es valiosísimo para prepararte para tu nuevo puesto. Podrás ver las cosas desde fuera. Todavía no tendrás la carga de decisiones anteriores. Serás capaz de ver las preguntas lógicas que puedan surgir sobre las cosas. Los tiempos de transición son una buena oportunidad para hacer preguntas sin miedo de que la gente te juzgue con dureza por no saber las respuestas.

▸ *Crea un ambiente de «lecciones aprendidas»*: establece infraestructuras y procesos para asegurarte de que tu equipo recopila todas las «lecciones aprendidas» como una referencia para las siguientes generaciones. Una buena forma de hacerlo es mediante herramientas específicas, como un repositorio de conocimientos en la intranet de la empresa. Pídeles a los miembros de tu equipo que cada vez que cierren un proyecto anoten las lecciones aprendidas en los informes de cierre y los guarden en la intranet.

Inspírate en tus predecesores

Es fácil que los peregrinos se sientan inspirados por el Camino. Algunos se inspiran al sentir una conexión con siglos y siglos de historia. Kailagh, docente de Nueva Zelanda, me contó su experiencia: «Me embargó el sentimiento de formar parte de algo maravilloso… Me sentía como si estuviera contribuyendo a algo poderoso y grande; una historia escrita por el tiempo, con solo ir poniendo un pie ante el otro». Sandy, de los Estados Unidos, me explicó esto: «Tenía muy presente a toda la multitud de personas que habían hecho el Camino antes que yo hacía muchos, muchos años. Y pensaba en lo difícil que debió de ser para ellos, sin todas las comodidades que tenemos en la vida moderna». Derek, un historiador de Escocia, lo explicó así: «Me imaginaba a todos los peregrinos que habían venido antes que yo, su dolor, su sangre, avanzando entre el polvo y el calor... Y al entrar en Santiago de Compostela, casi podía oír a los antiguos peregrinos vitoreándome y dándome palmaditas en la espalda».

Muchos peregrinos dicen que sienten como si hubiera un «ángel de la guarda» cuidando de ellos durante su peregrinación. Donal, un peregrino de Irlanda, lo resumió de la siguiente forma: «Especialmente en la peregrinación desde Le Puy, en Francia, noté constantemente la presencia de los millones de personas que habían recorrido la senda antes que yo... Como soy lento al caminar, muchas veces oía a peregrinos viniendo detrás de mí y me echaba a un lado para dejarles pasar, pero acababa descubriendo que estaba solo: ¡era el espíritu de los peregrinos anteriores!».

Recuerdo haber oído y dicho la frase «el Camino proveerá» en varios momentos cuando surgían problemas en la ruta. Esa sensación de amparo invisible del pasado me ayudaba a no sentirme tan estresado durante el Camino. También me inspiró a cumplir las altas expectativas que marcaron mis predecesores. Stephen, de Inglaterra, expresó el sentimiento de esta forma: «Lo que me motivó en los días malos fue saber que millones de personas habían caminado por esta misma ruta antes que yo, sufriendo igual que yo, y habían llegado a Santiago de Compostela».

Pocos lugares de trabajo pueden competir con la historia del Camino, pero la mayoría de los puestos cuentan con algún tipo de historia en la que puedes inspirarte. Algunas veces los líderes tienen que buscar la inspiración de forma creativa.

Cuando trabajaba para el alcalde me gustaba mucho el espectacular edificio antiguo del ayuntamiento donde estaban nuestras oficinas. Era una edificación de mármol y granito decorado, con techos altísimos y poco prácticos, escaleras enormes y amplios pasillos, unas características que raramente se encuentran en los edificios modernos. Por fuera, la parte superior contaba con esculturas de figuras clásicas con túnicas y escudos y otros símbolos relacionados con el gobierno. Desde mi oficina, en la planta superior, tenía unas vistas privilegiadas y podía observar esas esculturas muy de cerca. Empecé a advertir lo detallados y realistas que eran los rostros de esas figuras. Desde algún que otro bigote francés hasta los hoyuelos de la barbilla, las caras de esas estatuas no eran genéricas. Caí en la cuenta de que los escultores debían de haberlas tallado a partir de alguna persona a la que conocieran. Seguramente era un homenaje grabado en piedra a alguien a quien amaban, o quizá se habían inmortalizado a sí mismos. Fuera cual fuera el motivo, los artistas habían dejado una marca en el edificio que duró mucho más que sus propias vidas. Cuando llegaban personas nuevas a mi equipo del ayuntamiento, creé la tradición de enseñarles las estatuas desde mi ventana del piso superior y hablarles de la historia detrás de las caras. Y cerraba cada reunión con un pequeño ritual: preguntándoles cómo iban a dejar su impronta con su trabajo en ese edificio.

Tras el Camino, ahora busco inspiración en el pasado para mi nueva carrera como escritor. Una de mis aficiones es investigar la historia de mis antepasados en mi árbol genealógico. A partir de esas investigaciones descubrí que la rama de la familia Prince se extiende hasta la Alemania medieval. Mi antepasado Johan emigró a América alrededor de 1750 con su familia. Ahora que yo también estoy en la cuarentena, me siento inspirado por los arrestos que tuvo al tomar una decisión tan importante con cuarenta y un años. También descubrí que otro de mis antepasados, Alexander, era un erudito que publicó un libro a finales del siglo XVI. Organicé un viaje a la ciudad universitaria donde había una copia de sus escritos en la biblioteca. Cuando llegué, me sorprendió gratamente ver que ya habían dejado el libro y todos sus artículos en la sala de lectura para que los pudiera inspeccionar. Al tocar las mismas páginas que mi antepasado directo había tocado, hacía más de quinientos años, sentí un escalofrío. Me preocupaba que una de las gotas de

sudor que perlaban mi frente cayera sobre las páginas. Esa sensación me inspiró al escribir mi primer libro. Escribir un libro no es
solo una carrera nueva para mí, sino que espero que se convierta en
un modo de dejar un legado. Mostré mi agradecimiento a mi lejano
ancestro Alexander por su inspiración incluyendo su nombre en los
agradecimientos de mi primer libro.

LECCIÓN DE LIDERAZGO DEL CAMINO:
INSPÍRATE EN TUS PREDECESORES.

▸ *Reúne historias del pasado*: a medida que hagas la transición a
tu nuevo puesto, pídeles a los veteranos que te cuenten historias
y anécdotas del equipo. ¿Cuáles han sido los grandes éxitos? ¿Y
los más rotundos fracasos? ¿Qué lecciones han podido aprender
de ambas cosas? Gracias a esta información podrás contar con
ventajas tácticas para ayudarte a identificar qué debes y no debes hacer en el futuro. Estas historias también te darán ejemplos
de cómo es el éxito en tu puesto, y podrás aprovecharlas para
motivarte a ti y a tu equipo.

▸ *Fomenta un orgullo de equipo*: las historias de triunfos y derro-
tas pasados pueden inspirar a tu equipo. Igual que pasa con el
amor por la patria, la historia puede ser una forma de unir a las
personas alrededor de intereses en común. Si consigues que las
personas se sientan orgullosas de ser parte de tu equipo gracias
a un pasado ilustre, puede que hagan su trabajo con más alegría.

CAPÍTULO 8

Aprecia a los que caminan hoy contigo

Peregrinos en el camino.

MUCHOS PEREGRINOS AFIRMAN QUE EL CAMINO LES ENSEÑA A APRECIAR DE forma renovada a las personas que los rodean. Leah, una peregrina estadounidense, dijo lo siguiente: «El Camino me hizo estar más presente en mis interacciones con las personas. Escucho a los demás con más atención. Soy más empática. Puedo ver las cosas desde el punto de vista de otros con más claridad». Jackie, de los Estados Unidos, me explicó esto: «Me imaginé a todas las personas que vienen a caminar y me puse a pensar en que todas ellas también tienen una historia detrás. Una historia de su vida, y algo en esa historia los ha atraído al Camino, igual que a mí». Las bienaventuranzas del peregrino impresas en las credenciales del Camino emitidas en otros países se hacen eco de este valor con elegancia: «Bendito seas, peregrino, si lo que más te preocupa no es llegar, sino llegar con los otros».[1]

Otros peregrinos acaban descubriendo lo que los demás aprecian de ellos. Rose, una profesora jubilada de Sudáfrica, compartió su historia conmigo: «Acabé formando parte de una "familia" caminando durante esas dos semanas; me invadía una sensación maravillosa al ir encontrando a los demás en distintos sitios. Doce de nosotros decidimos intentar reunirnos en Burgos en mi última noche. Y los doce conseguimos seguir juntos, en lo bueno y en lo malo, y pudimos disfrutar de una misa preciosa en la catedral de Burgos. Finalmente salimos a cenar. Una persona de esa "familia" se levantó, agradeció mi aportación y me contó lo mucho que había significado para él. Y todo el grupo empezó a hacer lo mismo. Me emocioné muchísimo, ya que no me había percatado de esos pequeños detalles míos que habían acabado marcando la diferencia».

No me había dado cuenta, pero ya había empezado a vivir la máxima «Aprecia a los que caminan hoy contigo» desde el primer día en el Camino. Cada día le dedicaba un momento a una mujer que hacía el camino sola. Era mayor y más lenta que yo, así que cada día la adelantaba. Nuestro momento diario compartido se convirtió en un ritual que yo esperaba con ansia, en parte para asegurarme de que ella estuviera bien y pudiera continuar su peregrinación en solitario. Cada vez que la encontraba yo desplegaba mi limitadísimo francés: «Bonjour!» y «Ça va?». Ella siempre sonreía, aunque con una sonrisa más cansada cada día, y respondía con distintas palabras en francés; yo hacía ver que la entendía. Cuando llegué al final del Camino en Santiago, fui a la misa para los peregrinos en la catedral. La misa era el broche final del último día; todos estábamos muy emocionados, abrazándonos y llorando. El abrazo más entrañable para mí fue el de esa mujer a la que había conocido a partir de docenas de interacciones de un minuto: había acabado ganándose un lugar en mi corazón.

No juzgues a los demás

Los peregrinos aprenden a evitar juzgar a los demás en el Camino. Cada uno viene de un trasfondo distinto y hace el Camino por un motivo diferente. Es difícil suponer cosas sobre los demás y acertar, así que los peregrinos aprenden a evitar hacerlo. Karen, una ingeniera de los Estados Unidos, compartió esta historia conmigo: «Cada vez que "juzgaba" a alguien, aprendía una lección. Había otro peregrino, Juan, que enviaba su mochila con antelación porque lo habían operado de la espalda y no podía llevarla. Pero antes de saber eso, yo simplemente presuponía que era un vago. Dos mujeres con sobrepeso iban en bus para superar las áreas de montaña, para no hacerse daño o desmayarse. Eso era lo máximo que podían hacer; su deseo era estar ahí, exactamente igual que yo. Los molestos ciclistas de un albergue eran, en realidad, el equipo de patinaje olímpico de Holanda que habían decidido entrenarse de una forma algo distinta. Cada vez que juzgaba a alguien tenía que acabar tragándome mis suposiciones».

Todo peregrino tiene un día difícil en el Camino y debe aprender a superarlo, sin rendirse. Y los peregrinos también aprenden a no suponer que los demás se rendirán. Allan, un minero de carbón de Australia, me contó esta anécdota: «El primer día, subiendo por una empinada colina hacia Orisson, adelantamos a dos personas, una mujer con sobrepeso y un hombre que cojeaba marcadamente. Le dije a mi mujer: "Esos dos nunca lo conseguirán". Resoplando y jadeando, ambos intentaban subir la pendiente, pero les estaba costando muchísimo. No los volvimos a ver después de ese primer día. Llegamos a Santiago treinta y cuatro días después, muy orgullosos de lo que habíamos hecho, saludando a todas las personas que habíamos conocido en el Camino. Entonces, el día siguiente, vimos cómo entraban esas dos personas que yo había asumido que nunca lo conseguirían: el hombre que cojeaba y la mujer con sobrepeso. A mi mujer y a mí se nos saltaron las lágrimas. Qué equivocado había estado. Abrazamos a esas dos personas, aunque ellos no supieran por qué; nos enseñaron una lección de vida muy valiosa».

Algunos peregrinos empiezan a aplicar esa aceptación de los demás en su lugar de trabajo. Jonathan, un peregrino de Irlanda, comprendió que debía «asimilar que cada persona avanza a una velocidad distinta, lo que a su vez puede significar aprender o trabajar a un ritmo diferente en el día a día».

La primera mañana en el Camino advertí a una pareja delante de mí que llevaban bolsas de compra en las manos y una mochila enorme a la espalda. Les hice una foto y la colgué en Facebook, junto con un comentario sarcástico de que no iban a llegar demasiado lejos así de cargados. Yo había investigado a fondo qué llevar en la mochila y cómo hacerlo. Me sentía muy orgulloso de haber conseguido empaquetar todo lo que necesitaba para un mes. Me di cuenta de que esa foto me daba la excusa perfecta para presumir sobre mis aptitudes de preparación de equipaje ante mis amigos de Facebook.

Varias horas después me paré a descansar en la cima de una colina, con la mochila a un lado, y acabé deteniéndome demasiado rato. La subida era más pronunciada de lo que había imaginado, y me había torcido el tobillo al pisar sobre una piedra suelta. Me quedaba más de la mitad de recorrido para ese día y estaba mucho más cansado de lo que esperaba. Empecé a plantearme que quizá había empezado algo que no podría acabar. Finalmente reuní el valor para seguir y empecé a empacar mis cosas. Acababa de meter mi agua y comida dentro de la mochila cuando apareció la pareja con las bolsas de la compra. Ellos también estaban agotados. Nos saludamos con el consabido «Buen Camino». Me entretuve un momento para observarles, con curiosidad por saber si iban a deshacerse de las bolsas. El hombre sacó una cámara de una de sus bolsas y se acercó. Aunque no entendí el idioma en el que me hablaba, sus gestos eran claramente una petición de que les hiciera una foto. Tomé varias y les devolví su cámara. Se mostró muy agradecido y entonces me hizo un gesto, preguntándome si quería que él me hiciera una foto. Asentí y me hizo unas cuantas. Después, al ver que yo no tenía nada fuera de la mochila, me ofreció comida y agua. Rechacé su oferta educadamente y me fui, despidiéndome con un gesto y un «Buen Camino».

Me sentí fatal por mi mordaz foto de aquella mañana. Me avergoncé mucho de haber tenido la necesidad de rebajar a alguien para sentirme yo mejor. ¿Por qué estaba en contra de alguien que no me había hecho nada? Todavía me siento mal por mi publicación de Facebook de aquella mañana. Pero al menos esa historia se convirtió en una lección muy potente.

LECCIÓN DE LIDERAZGO DEL CAMINO:
NO JUZGUES A LOS DEMÁS.

▸ *Reconócelo*: si te descubres hablando mal de alguien, pregúntate si estás juzgándole. Que alguien haga algo de forma distinta a ti no quiere decir necesariamente que lo esté haciendo mal.

▸ *Piensa en lo que no ves*: si ves que estás juzgando a los demás, detente. En vez de centrarte en lo que percibes de alguien, piensa en las cosas que no sabes de él. ¿Qué dificultades y desventajas puede tener que tú no tengas?

▸ *Plantéate qué hay detrás de tu necesidad de juzgar*: si estás juzgando a alguien, puede que en realidad estés mostrando tus propias inseguridades. ¿Te sientes amenazado por esa persona de algún modo? ¿Te preocupa tener tú el mismo problema?

Decide con quién caminas

Andar por el Camino es como hacer *rafting* en un río lleno de gente. Si un peregrino va a la misma velocidad que los que lo rodean, estará siempre con las mismas personas. Si cambia de ritmo, acabará con gente distinta. Como el Camino va en una sola dirección, puede que nunca vuelva a ver a las personas que lo adelanten. Si algún peregrino quiere estar con gente distinta, puede seguir este consejo de Michael, un militar retirado de Irlanda: «Si estás caminando y no te gusta demasiado tu compañero, detente un momento para abrocharte el cordón de los zapatos. Si no captan la indirecta de que quieres ir solo, abróchate el otro cordón. Pero recuerda que eso se aplica a todo el mundo, así que puede que te lo hagan a ti».

Los peregrinos acaban aprendiendo que no pasa nada por entablar relación con otras personas. «Texas» Tim, un vendedor de coches de los Estados Unidos, lo resumió de la forma siguiente: «Las relaciones pasan por distintas etapas. Y a veces llega el momento de dejarlas atrás. No pasa nada por hacerlo; además, si se mantienen según qué relaciones, pueden acabar siendo tóxicas. Aprender eso fue una lección muy importante». Wendy, una empresaria de Australia, lo describió así: «Tengo la sensación de que el dicho inglés de que "las personas entran en tu vida por un motivo, por una temporada o durante una vida entera" es muy cierto en el Camino. Cada peregrino viene de una forma de vivir distinta y de una parte del mundo diferente. Compartimos un momento importante de nuestras vidas que quizá se alarga unas semanas, pero después cada uno sigue su propia senda. Aun así, algunas de las conversaciones y experiencias que viví en el Camino me han transformado para siempre».

Cambiar las personas que te rodean en el mundo real es mucho más difícil y a menudo requiere buscar otro trabajo. He recibido muchas llamadas de encargados de contratación de personal a lo largo de mi carrera profesional, y una vez acabé por aceptar el trabajo que me ofrecían. En ese momento no estaba buscando dejar mi ocupación actual, pero la oferta era demasiado buena para ser verdad. Empecé en mi nuevo puesto y solo me hicieron falta unas semanas para estar seguro de que mi decisión había sido un error. Mi jefe y mis compañeros eran buenos, pero el puesto no iba nada conmigo. No me gustaba y no me veía capaz de triunfar en él. Le dije a mi jefe que había cometido un error y que me iba. Le pregunté cuánto tiempo iba a necesitar que me quedara para darle un margen suficiente para encontrarme un sustituto. Me sorprendió cuando me respondió que quería que me quedara tres meses más. Me parece que no se creía que yo fuera a irme. Me quedé esos meses y me esforcé para dejar mi proyecto principal a punto para mi sucesor. Nos separamos de forma amistosa.

Fue una situación bastante dolorosa. Me costó un tiempo encontrar un nuevo trabajo. Me sentía demasiado avergonzado por mi error para volver a mi empresa anterior, y me resultaba difícil explicar la situación a otras compañías que pudieran estar interesadas en contratarme. Pero, en retrospectiva, me doy cuenta de que mi decisión fue correcta. Había cometido un error. Era mejor solucionarlo rápidamente en vez de dejar que la situación empeorara cada día más y me quedara cada vez más atrás.

Al empezar el Camino trabé amistad rápidamente con una mujer que llevaba consigo a su perrito. El primer y el segundo día fueron magníficos, ya que el perro se lo pasaba en grande persiguiendo mariposas y brincando delante de nosotros bajo un clima agradable. Pero al día siguiente, bajo un sol de justicia, el pobre animal se iba quedando rezagado y se detenía a refrescarse en cualquier charco que hubiera en nuestro camino. Pronto me quedó claro que la vida del perro correría peligro si seguía caminando los cientos de kilómetros que la mujer había planeado. Y cuando la mujer siguió sin hacerme caso cuando le recomendaba que cambiara de planes, tuve que soltarle la frase más dramática que un peregrino puede decirle a otro: le dije que pondría fin a nuestra amistad y dejaría de caminar con ella si no empezaba a cuidar de su perro. Decidió no seguir mi consejo, así que cumplí con mi promesa, y un par de días después oí a otros peregrinos comentando que esa mujer había decidido llevarse a su perro de vuelta a casa.

Más adelante en mi Camino, un profesor universitario mayor que yo que caminaba solo me preguntó si podía ir conmigo. Acepté. Fuimos charlando de todo y nada mientras andábamos hasta que llegamos a un pequeño pueblo con una iglesia enorme. Cuando entramos, la belleza del interior de la capilla me dejó boquiabierto; era mucho más bella y opulenta de lo que habría podido esperarse de un pueblecito. Desde que leí *Los pilares de la Tierra* de Ken Follet, siempre considero cualquier edificio antiguo y de gran tamaño como un monumento a los trabajadores que lo construyeron más que un homenaje a las personas ricas que lo encargaron. Así que le comenté esta opinión a mi compañero de ruta. Él replicó que esos edificios representaban la explotación de los trabajadores, no su

exaltación, y me aleccionó sobre las maldades de las religiones organizadas. Detecté que se trataba de un discurso que llevaba tiempo queriendo soltarle a alguien. Decidí no llevarle la contraria. Su
Camino y el mío no iban a ser el mismo. Al detenernos para comer,
descansé un poco más de lo normal y estuve conectado a la red wifi
el tiempo suficiente como para que el profesor decidiera seguir adelante sin mí. En vez de tener que continuar con él deseando estar en
otro lugar, simplemente me fui yo a otro sitio. Esa decisión me aho-
rró mucha ansiedad. Y también le dio a él la oportunidad de seguir
buscando a alguien interesado en oír su punto de vista.

LECCIÓN DE LIDERAZGO DEL CAMINO:
DECIDE CON QUIÉN CAMINAS.

▸ *Cuidado con El Negativo*: en algunos lugares de trabajo suele
haber alguna persona difícil (llamémosle El Negativo) que está
siempre al acecho para engancharse a cualquier persona recién
llegada al equipo. El Negativo tiene una actitud que no le ha
permitido entablar amistad con los demás compañeros. Y los recién llegados le parecen una oportunidad. El Negativo quiere
que estas personas entren en su órbita el suficiente tiempo como
para que les resulte incómodo abandonarle. Ve con cuidado con
aquellas personas que busquen monopolizar tu tiempo durante
los primeros días en un nuevo trabajo.

▸ *Organiza sesiones de presentación*: cuando empieces en un equipo nuevo, programa reuniones para conocer a todos los miembros y colaboradores de tu equipo. El plan solo debería ser conocer a los demás y que te conozcan a ti. Como novato, tienes
la oportunidad de programar una reunión de esta forma. Apro-
véchalo para ampliar tu círculo social desde el primer momento
en tu nuevo trabajo. La forma más fácil y menos dolorosa de
romper con alguien negativo es entablar relaciones con otros.

Cuida de tus conocidos para que se conviertan en relaciones duraderas

Una de las mejores partes del Camino es conocer a muchas personas nuevas, de distintos lugares y trasfondos, en muy poco tiempo. Si lo aprovechas bien, el Camino puede ser una oportunidad sin igual para hacer contactos. Karen, de los Estados Unidos, me comentó esto: «Aprendí que, si sentía algo dentro, si quería decirle algo a alguien, era mejor decírselo de inmediato; era posible que no volviera a ver a esa persona de nuevo. Y eso era algo que quería aplicar en mi "vida real"». Oihana, una irlandesa y asistenta de personas con necesidades especiales que había hecho el Camino por tres rutas diferentes, descubrió una forma de estar en contacto con los peregrinos que conocía: «Siempre llevo encima un cuaderno y un libro para apuntar las direcciones, teléfonos, correos electrónicos y momentos importantes con las personas que conozco y, más adelante, les envío las fotos. Algunos responden a mis correos y continúan con el contacto; otros no. Es algo normal en la vida, pero yo intento cuidar de mi relación con los demás». Arminelle, una cuentacuentos de Australia, aprendió a ver las nuevas relaciones de otra forma: «Hubo ocasiones en las que caminé con alguien durante un único día, pero tuvimos conversaciones tan interesantes que se me han quedado grabadas en la mente para siempre. Ahora puedo disfrutar más de las personas durante el rato que estamos juntos en vez de juzgar nuestra relación según el tiempo que hace que nos conocemos».

Fuera del Camino he trabajado en una docena de lugares distintos desde la universidad. Cambiar de trabajo tantas veces tiene sus pros y sus contras. Una de las mayores ventajas es conocer a gente nueva. Cada nuevo trabajo me ha hecho formar parte de una nueva red. Cuando veo mis redes en mis perfiles sociales, me maravilla ver en cuántas redes y ciudades tengo contactos.

Las redes sociales como LinkedIn son perfectas para tener información de contacto actualizada de todas las personas a las que conoces en tu carrera. Van mucho mejor que las antiguas libretas de direcciones. Y, lo que es más importante, también son una muy buena forma de mantener la relación con antiguos compañeros. Siempre me tomo, como mínimo, un momento para contactar con alguien cada vez que recibo una notificación de que es su cumpleaños o de que ha habido alguna novedad en su vida profesional, como un cambio de empleo.

Mi experiencia en el Camino me enseñó que mis esfuerzos por cuidar de las relaciones con antiguos compañeros pueden tener grandes recompensas. Un día, a mitad de mi Camino, iba andando por la extensa e inhóspita meseta cuando me detuve a comer en una cafetería. Saqué el iPhone y busqué alguna red wifi. Encontré una, así que me puse a consultar mis mensajes. Uno fue bastante inesperado: era de una encargada de formación de los Estados Unidos que necesitaba mi ayuda.

Antes de salir del Camino empecé a sentar las bases para mi próximo trabajo en el «mundo real» cuando volviera. Llevaba mucho tiempo deseando crear una empresa de formación, así que eso fue lo que decidí hacer. Para empezar con buen pie, lancé una versión inicial de mi sitio web antes de salir hacia el Camino. Tenía planeado empezar a promocionar mi página web cuando volviera, pero no había hecho nada más. Me limité a dejarla aparcada a un lado, esperando mi vuelta.

Leí el correo electrónico de la encargada de formación. Había creado un programa de formación para docenas de personas de su empresa. El programa formaba parte de una academia para personal de alto potencial que estaba a punto de inaugurar. Uno de los formadores que había contratado había cancelado su participación a última hora, pero la encargada encontró mi sitio web y quería saber si yo podía hacer de suplente. Estaba bastante apurada, ya que esa formación era de una especialidad que no dominaba demasiada gente. La buena noticia era que yo tenía mucha experiencia en exactamente ese ámbito, la metodología de comunicación y solución de problemas que usan los mejores consultores de estrategia. La mala noticia era que esta mujer necesitaba que el formador estuviera en Hawái en una semana para dar la clase. En su correo electrónico me preguntó si estaba disponible y si podía enviarle una propuesta inmediatamente.

Sentado, mirando mi mochila y mis botas llenas de polvo, me embargó una mezcla de emociones. Por un lado, estaba muy emocionado ante ese inesperado arranque de mi empresa. Por otro lado, estaba consternado porque no tenía el ancho de banda, tanto literal como figurado, para responderle adecuadamente. Aunque no conocía a esta mujer, su mensaje me hizo querer ayudarla. Estuve a punto de responderle con un mensaje del estilo «Lo siento, pero estoy en el Camino de Santiago y no te puedo ayudar» cuando me acordé de un antiguo compañero, Mike Figliuolo. Mike y yo habíamos trabajado en el mismo banco unos años atrás. Como antiguos consultores de estrategia, ambos éramos dos de las pocas personas que impartían una clase como esta para el banco. Nunca habíamos coincidido y ni siquiera nos conocíamos en persona, pero habíamos oído hablar el uno del otro. Ambos habíamos dejado el banco hacía años, pero yo me esforzaba por mantener el contacto con él al menos una vez al año. Mike había lanzado su propia empresa de formación, *thought*LEADERS LLC, y yo sabía que él impartía las clases que necesitaba esta mujer. Le reenvié el correo electrónico a mi antiguo compañero y le pregunté si él podía ayudar.

Cuando llegué a mi albergue al final del día, volví a consultar mi correo electrónico. Mike no solo había respondido que podía ayudarla, sino que ya había preparado una propuesta para enviársela. Su horario no le permitía impartir él mismo la formación, pero otro de sus formadores cualificados sí que podía hacerlo con tan poca antelación. Presenté a Mike y a la encargada de formación por correo electrónico y, finalmente, consiguieron sacar la propuesta adelante. Todo fue tan bien que pidieron una segunda sesión de la formación un par de meses después. Esa vez sí que pude viajar a Hawái e impartir yo mismo la clase.

La historia no acaba aquí. A Mike y a mí nos gustó tanto trabajar juntos que decidimos continuar con nuestra colaboración. Una semana o dos más tarde yo estaba en el Camino, andando por un tramo montañoso especialmente bello cerca de O Cebreiro, cuando me llegó otra solicitud a través de mi página web para pedirme una sesión de formación. Esta vez no era con tan poca antelación, pero sí que venía de más lejos: Medio Oriente. Le reenvié la petición a Mike y él consiguió convertir la propuesta en un contrato y fechas de formación concretos que yo pude impartir varios meses después.

Así que, visto en retrospectiva, mi pequeña inversión de tiempo y esfuerzo para seguir en contacto con Mike a lo largo de los años acabó siendo una de las mejores que he hecho.

LECCIÓN DEL CAMINO:
CUIDA DE TUS CONOCIDOS PARA QUE SE CONVIERTAN EN RELACIONES DURADERAS.

▶ *Conecta con otros a través de las redes sociales*: cuando conozcas a una persona nueva en el trabajo, pregúntale si está en LinkedIn y si puedes enviarle una solicitud para conectar. Envíale la solicitud pronto. Aun así, si decide no responder, no le preguntes al respecto. Si quiere conectar contigo, tiene la oportunidad al alcance de la mano. Si no responde, puede ser que no utilice demasiado la página o que no se sienta cómoda aceptando tu solicitud.

▶ *Únete a grupos de antiguos compañeros o créalos*: si sigues conectado con distintos compañeros de empresas en las que has trabajado, mira si hay un grupo privado para antiguos integrantes de esa organización en Facebook o LinkedIn. Si no hay ninguno, plantéate crearlo. Comparte artículos y noticias en el grupo que puedan resultarles interesantes a los integrantes.

▸ *Busca excusas para mantener el contacto*: en cuanto hayas conectado con alguien, busca formas significativas de contactar con esa persona para que sepa que piensas en ella de vez en cuando. Como mínimo, si ves que empieza en un nuevo trabajo, felicítala. Si publica algo que te parece útil, tómate un segundo para darle al botón "Me gusta" o dedica unos segundos a comentar la publicación. La persona lo verá y lo tendrá en cuenta. Si ves un artículo o alguna información que crees que podría resultarle útil a ese contacto, reenvíaselo. No te excedas, pero sí que deberías intentar volver a conectar, de alguna forma u otra, con todas las personas de tu red al menos una vez al año.

▸ *Busca oportunidades para ver a tus contactos*: si viajas por negocios a otra ciudad, busca en tu red quién vive ahí. Si es posible, organiza una reunión con esas personas para verlas.

▸ *Busca formas de ayudar a los demás*: si te enteras de alguna oportunidad empresarial o de trabajo que no es adecuada para ti, busca en tu red a otros que puedan estar interesados. Reenviar una oferta de trabajo o una posible venta es una forma perfecta de volver a conectar con alguien. Tus contactos apreciarán la ayuda y se mostrarán más abiertos ante los futuros mensajes que puedas enviarles.

CAPÍTULO 9

Imagina a aquellos que te seguirán

Un tramo del Camino a través de la meseta.

LOS PEREGRINOS QUE HACEN EL CAMINO SIENTEN UNA OBLIGACIÓN inherente de ayudar a los demás que también lo recorren. Y esto es así desde hace décadas. Por ejemplo, Domenico Laffi, el peregrino italiano que hizo el Camino en el siglo XVII y lo describió en su diario, relató sus esfuerzos para ayudar a los peregrinos que pudieran seguirlo: «A partir de este punto es muy fácil perderse, ya que no se ve otra cosa que un llano arenoso y vacío. Así que, para ayudar a los pobres peregrinos, les indicaré cómo seguir en el camino correcto para que no se pierdan. Si llegas por primera vez a este yermo arenoso (o a cualquier otro similar) y encuentras una encrucijada con dos o tres caminos, para saber cuál es el que debes seguir verás que los peregrinos habrán dejado dos o tres montones de piedras al lado de la opción correcta. Del mismo modo, si llegas a un bosque y ves que hay dos o tres caminos, para saber cuál es el adecuado verás que los peregrinos habrán arrancado la corteza de dos o tres árboles con la punta de su bastón para indicarte por dónde seguir».[1]

Este valor me llegó a lo más hondo nada más leerlo. El peso de todos los peregrinos que habían recorrido el Camino antes que yo me hizo sentir una enorme responsabilidad. Tenía la sensación de estar en un museo milenario donde podía tocar las exposiciones. No había cintas ni guardas que se interpusieran entre la historia y yo. Y todo eso me hizo sentir personalmente responsable de proteger ese museo vivo. Quería que los peregrinos que vinieran después de mí pudieran disfrutarlo del mismo modo que yo. También quería hablarles de mi experiencia a los demás para inspirarlos a seguirme.

No les estropees la experiencia a los demás

Un día de mayo de 1996 extremadamente caluroso me senté en un campo de fútbol americano de Filadelfia embutido en un ridículo disfraz. La mayoría de mis compañeros del MBA se habían saltado la ceremonia oficial de inauguración de la universidad porque nosotros tendríamos nuestra propia ceremonia privada más tarde ese mismo día, pero yo tenía que asistir a esta porque estaba en el comité de selección de los oradores de la inauguración. El orador era famoso, pero no era la primera opción con la que habíamos soñado: Nelson Mandela. No recuerdo que ni siquiera se mencionara a Tom Brokaw en las reuniones del comité, así que cuando nos informaron de que él sería el orador, me sentí un poco sorprendido y decepcionado. Los presentadores del telediario de la noche eran personas muy famosas en aquel entonces, pero no estaban a la altura de Nelson Mandela.

Y entonces escuché su discurso.

La Universidad de Pensilvania celebra la reunión de antiguos alumnos y las graduaciones el mismo fin de semana de mayo. Ese año la promoción de 1946 celebraba su quincuagésima reunión, y Brokaw los mencionó específicamente al final de su discurso. Habló de cuántos de los alumnos de esa promoción formaban parte de la generación que creció en la Gran Depresión, ganó la Segunda Guerra Mundial y después volvieron a casa para convertir a los Estados Unidos en una superpotencia. Brokaw cerró su discurso con las siguientes palabras: «Esta generación me tiene fascinado. Y espero que, de aquí a cincuenta años, otro orador de la ceremonia de inauguración esté aquí delante y diga de la promoción de este año: "Han salvado el mundo. Esta generación me tiene fascinado". Este momento les pertenece. Así que acepten el desafío. Contamos con ustedes».[2]

Tuve muy presentes esas palabras mientras me preparaba para empezar mi propia carrera en el mundo de los negocios. Pensaba que de ninguna manera mi generación podría estar a la altura de lo que aquella generación había conseguido. Con suerte, nunca nos tendríamos que enfrentar a las mismas adversidades que ellos habían tenido que superar. Pero ese discurso plantó en mi mente la idea de que tenía que pensar en el efecto de mis acciones profesionales para las futuras generaciones.

Y esa misma idea también quedó grabada en Tom Brokaw. Dos años más tarde, Brokaw publicó una obra titulada *The Greatest Generation*. Sin anunciarlo, nos había enseñado un fragmento de un futuro libro *best seller* que daría nombre y un reconocimiento especial a esa generación.

Mi caminata una mañana temprano en el Camino empezó un buen día con un giro inesperado. Yo iba andando solo en un tramo apartado entre dos aldeas. Un joven se me acercó y me preguntó en español si había visto a algún policía. Incluso aunque la pregunta me echó algo atrás, tuve la sensación de que no era una amenaza. Respondí en español que no había visto a ningún policía. Me dio las gracias, corrió hasta un coche aparcado a un lado de la calle y se alejó conduciendo.

Empecé a entender mejor qué había pasado cuando vi la basura abandonada en el lateral del camino. Eran una extraña mezcla de cáscaras de naranja y botellas de vino. Estaba claro que la noche anterior se había celebrado una gran fiesta. El joven debía de haberse despertado tras dormir la mona y le preocupaba que lo pudieran detener si conducía.

A medida que avanzaba iba viendo más y más basura hasta que llegué al siguiente pueblo. Cuando vi las decoraciones, me di cuenta de que la noche anterior había sido la fiesta mayor. En España, los pueblos suelen tener un patrón y lo festejan con una gran celebración el día en que el calendario católico conmemora a ese santo o santa. Me había perdido una buena fiesta. Si hubiera caminado unos pocos kilómetros más la noche anterior, pensé, habría pasado una noche muy divertida.

Pero lo que realmente me quedó de esa experiencia fue la basura. Me hizo darme cuenta de que no había visto demasiada a lo largo del Camino. No había visto a ningún peregrino tirando cosas. Y algunos recogían la basura que encontraban. Generalmente, los peregrinos se aseguran de no estropearles la experiencia del Camino a las personas que siguen sus pasos.

Los buenos líderes también evitan estropear las cosas para las personas que los seguirán. Tienen en cuenta que sus acciones de hoy dan forma a las posibilidades del mañana. Cuando yo era un ejecutivo sénior, sabía que llegaría el día en que me marcharía y dejaría mi puesto a un sucesor. Me sentía obligado a dejar el puesto al menos en las mismas condiciones que yo lo había heredado.

Me hice una imagen mental para ayudarme a tener presente cómo mis acciones influirían en el futuro. Me imaginé volviendo a esa organización veinte años más tarde como visitante en un aniversario de la empresa. Me vi sentado en la sala de actos, escuchando los discursos. Me imaginé estudiando las caras del personal entre el público. ¿Se sentían inspirados por su misión en la empresa o les aburría su trabajo? ¿Representaban a la comunidad para la que trabajaban? ¿Sus líderes *se dirigían a ellos* o más bien *se comunicaban con ellos*? La organización en la que estaba trabajando tenía una energía muy positiva, y yo quería asegurarme de que eso siguiera así veinte años después. Esa visión triunfante me ayudó a seguir centrado al tomar decisiones.

LECCIÓN DE LIDERAZGO DEL CAMINO:
NO LES ESTROPEES LA EXPERIENCIA A LOS DEMÁS.

▸ *Crea una visión de futuro*: imagina a tu equipo dentro de diez o veinte años. ¿Cómo quieres que sea? ¿Crees que seguirá existiendo? ¿Los cambios tecnológicos lo han hecho triunfar o lo han reducido a la nada? ¿Es un trabajo divertido? ¿Cuenta con una buena historia que hace que sea un lugar atractivo donde trabajar? En cuanto tengas una visión de cómo quieres que sea el futuro, podrás empezar a plantear tus acciones presentes como algo que aporta o resta a ese futuro.

▸ *Planificación económica*: pon en orden los asuntos financieros de tu equipo hoy mismo para que su futuro no esté hipotecado. Analiza y prevé tu estructura de costes. Si los costes crecen demasiado rápido, empieza a controlarlos ahora. Evalúa tu infraestructura a partir de posibles necesidades futuras. Planifica cómo actualizarla o sustituirla. Puede que te vayas mucho tiempo antes de que las ventajas de tus acciones den fruto, pero eres el administrador del futuro de tu equipo: te debes a ellos.

▸ *Piensa en los precedentes que estás sentando*: cada decisión que tomes como líder se convierte en un precedente. Resulta tentador tomar atajos o hacer excepciones a las normas para conseguir algo. Pero cada vez que te saltas las reglas, las debilitas y te expones a acusaciones de favoritismo. Y cada vez que no aprovechas algo a lo que tienes derecho, debilitas tus reclamaciones futuras. Es tu deber dejar el puesto de modo que tus sucesores tengan los mismos derechos y opciones que tú tienes ahora.

Indica el camino a seguir

Los peregrinos ayudan a los que vienen después de ellos. Sandy, una estadounidense, describió sus propios esfuerzos para ayudar a aquellos que la seguirán: «Siempre tengo presentes a aquellos que pueden venir después de mí y, mientras estuve en el Camino, intenté pensar en pequeños detalles que pudieran hacerles el viaje más fácil a aquellos que siguieran mis pasos. Compré trampas para moscas y las puse en un albergue que estaba al lado de un campo inundado de esos insectos. También compré un protector de sobretensión para un albergue que solo tenía uno. Dejé un diario en blanco en la cama de la primera noche que pasé en el Camino con la siguiente nota: "Esto es para ti". Y dejé unas cuantas tiritas Compeed en otro albergue para aquellos a los que, como a mí, les salieran ampollas». Las personas que viven en el Camino también ayudan a conservarlo. Pearl, de Nueva Zelanda, lo rememora: «Caminar por las carreteras romanas y antiguos caminos nos hacía tener presente el sentido de lo que hacíamos. En un tramo vi a un chico cuidando del camino, retirando los desechos que pudiera haber y repintando las flechas amarillas: nos hizo sentir orgullosos de pasar por "su" tramo. Ahora miro a mi alrededor y a menudo pienso en aquellos que han forjado el camino, en lo que les costó y lo difícil que fue, para que ahora nosotros podamos disfrutar de él».

En todos los proyectos en los que trabajé como consultor de gestión, mi día favorito era el último. Normalmente, los proyectos terminaban con una gran reunión final con los ejecutivos más importantes de la empresa del cliente. Nosotros presentábamos nuestro trabajo y recomendaciones a través de una presentación de diapositivas. Si habíamos hecho bien nuestro trabajo, convencíamos al cliente de que aceptara nuestras recomendaciones. Tras meses o semanas de duro trabajo, esa última reunión nos daba una sensación de finalización. Teníamos ganas de celebrarlo.

Por otro lado, uno de los días que menos me gustaban era el siguiente a terminar un proyecto. Teníamos que escribir un resumen del proyecto para guardarlo en el repositorio de mi agencia. Estos resúmenes eran una parte importante del capital intelectual de mi consultoría. Cada vez que empezaba un nuevo proyecto, buscaba en el repositorio proyectos similares anteriores para partir con ventaja. Era un recurso valioso.

La ironía era que el resumen que me tocaba escribir nunca me sería útil a mí. Yo ya conocía la historia de ese proyecto porque la había vivido desde dentro. Para mí, ese resumen era una molestia. Y lo mismo debía de pasarles a muchos otros consultores, porque nuestros encargados a menudo tenían que darnos la lata para que los escribiéramos. Se nos evaluaba según la cantidad de resúmenes terminados para todos los proyectos de los que éramos responsables. La agencia también retenía los fondos para cualquier tipo de celebración de finalización de un proyecto hasta que el resumen estuviera hecho. Así que siempre acabábamos haciendo los resúmenes, pero a menudo después de que nos atosigaran nuestros superiores.

Al volver de mi viaje encontré muchos sitios web y grupos en Facebook sobre el Camino. Me impresionó lo activas que eran en esos sitios web las personas que ya habían hecho el Camino y lo dispuestas que estaban a ayudar. Cada mensaje publicado por alguien que se planteaba convertirse en peregrino recibía muchos consejos útiles y ánimos de gente de todo el mundo. Había investigado muchas rutas por Internet a lo largo de los años, pero no había nada que se comparase al espíritu de la comunidad alrededor del Camino. Aquellos que ya lo habían terminado no participaban para presumir de haber superado un desafío al que relativamente pocas personas se habían enfrentado. Estaban ahí para animar a los recién llegados.

Cuando estaba en el Camino, la mayor inyección de energía que recibí de los peregrinos que me precedieron fue a través de los grafitis que había a lo largo de la ruta con mensajes de ánimo para nosotros. Los grafitis no me entusiasman demasiado, pero en el Camino eran otra historia. No eran los típicos garabatos mal hechos o el vandalismo que se suele ver en muchas ciudades modernas. Esos grafitis eran más poéticos. A lo largo del Camino recuerdo ver escrita en varios carteles la frase «Super Victor», acompañada de una flecha o de la palabra «vamos» en inglés. Aunque era consciente de que la persona que había escrito eso probablemente se llamaba así o se lo estaba dedicando a alguien con ese nombre, cada vez que lo veía sonreía y advertía lo lejos que había llegado. Muchos otros grafitis eran palabras de ánimo para otros peregrinos, para que siguieran a pesar del dolor que va acumulándose en ellos, día tras día de caminata.

Parecen estratégicamente situados, justo antes de una subida empinada o después de un tramo largo entre pueblo y pueblo.

Cuando volví del Camino, decidí animar a otros a hacerlo. Escribí blogs sobre las lecciones que había aprendido y que me serían útiles en mi vida laboral. Me quedé muy sorprendido cuando mi primera entrada sobre el Camino fue seleccionada por los editores de LinkedIn para promocionarla en toda su red. Al cabo de un día, era uno de los tres mejores artículos de la plataforma de blogs de LinkedIn, justo entre las publicaciones más recientes de Sir Richard Branson y Arianna Huffington. Miles de personas leyeron mi entrada y recibió cientos de «Me gusta». Seguí con dos entradas más que tuvieron el mismo recibimiento.

Todos los comentarios que recibí al respecto me hicieron darme cuenta de que podía ayudar a la gente a descubrir el Camino a través de lo que yo escribía, y me animaron a empezar a proponerme la idea de un libro con las lecciones que había aprendido durante la experiencia.

Tras muchos meses de intentar vender la propuesta de mi libro y escribir el manuscrito, ahora tú estás leyendo los resultados.

LECCIÓN DE LIDERAZGO DEL CAMINO:
INDICA EL CAMINO A SEGUIR.

▸ *Deja registradas las lecciones aprendidas*: las futuras generaciones solo pueden aprender las lecciones de las anteriores si estas enseñanzas están apuntadas en algún lugar. Deberías ayudar a tus sucesores anotando tus lecciones. Este tipo de registros puede tener varios nombres, desde el amable «informe posterior a la venta» hasta el oscuro «*post mortem*». Los llames como los llames, asegúrate de que tu equipo los hace.

▸ *Rentabiliza tus lecciones*: tener un registro de tu experiencia solo es útil si la gente sabe que existe y que lo pueden consultar.

Publica tus lecciones para que cualquier persona a quien le puedan ir bien tenga acceso a ellas. Promociónalas.

▸ *Sé un mentor*: ofrece tu tiempo a personas que van años por detrás de ti en tu carrera. Estructura esta atención para lograr que sea productiva. Si alguien te pide que le hagas de mentor, que sea él el responsable de hacer que la relación sea productiva. Haz que se encargue él de organizar las reuniones contigo. Ponle deberes. Hacer de mentor puede ser una forma magnífica de ayudar a los demás, pero solo si ambas partes invierten el tiempo y el esfuerzo necesarios para tratarlo con seriedad.

No compitas con tus sucesores

Los peregrinos aprenden a resistir la tentación de comparar sus experiencias en el Camino con las de los que vienen después. Arminelle, una cuentacuentos de Australia, lo describe del modo siguiente: «Algo que oí una y otra vez en el Camino fue: "Es tu Camino". O sea, que lo puedes hacer como tú quieras. Pienso a menudo en eso. Cada persona tiene su propio camino, su propio recorrido por la vida; si respetamos eso, todos nos llevaremos mucho mejor unos con otros». Pam, de los Estados Unidos, lo resumió así: «Lo que el Camino me ha ayudado a reconocer es que todos estamos andando en un viaje llamado vida. Todos avanzamos en la misma dirección, hacia el mismo destino, pero lo hacemos de una manera algo diferente. No hay una forma correcta o incorrecta de caminar, pero hay lecciones y bendiciones a lo largo de nuestro recorrido, según el camino que decidamos». Rosie, de Australia, lo explicó de este modo: «Todos teníamos presentes a los que habían venido antes que nosotros y a los que vendrían después; todos estábamos en el mismo recorrido. Pero nos afectaba a cada uno de un modo diferente».

Mi trabajo para el alcalde terminó cuando no volvió a salir triunfador en las elecciones. Tuvimos un largo proceso de transición antes de que el siguiente alcalde empezara. Aunque había sido una campaña encarnizada, queríamos asegurarnos de que la transición se hiciera bien. Los servicios que ofrece la administración local, como la policía, los bomberos o los servicios de protección del menor, son demasiado importantes como para tratarlos despreocupadamente durante una transición. Sobre mí recayó la responsabilidad de coordinar a todos los organismos administrativos de la ciudad para preparar un libro informativo para ayudar al nuevo alcalde y a su equipo a empezar con buen pie. A pesar de estar a punto de tener que dejar mi puesto, abordé la tarea con el mismo rigor con el que trataba todo lo demás en mi trabajo. Preparamos un resumen de toda la información que proporcionaríamos a cada entidad. Con docenas de organismos administrativos que sumaban un gasto de casi diez mil millones de dólares, la cantidad de datos era descomunal. Cuando los imprimimos, llenamos varias cajas y carpetas de papeles. En vez de limitarnos a proporcionarles la información tal cual, dedicamos tiempo a crear gráficas con todos los datos para reflejar fielmente el contenido general. También pedimos a todos los organismos que identificaran con sinceridad los problemas a los que se enfrentaban. Tras una enorme cantidad de trabajo, ofrecimos los libros informativos para la transición al equipo del nuevo alcalde mucho antes de la investidura. Contenían tanta información que tuvimos que llevarlos en una carretilla hasta sus despachos. Me imaginé que nos harían muchas preguntas y nos pedirían varias reuniones para ayudarles a digerir tantos datos.

Creo que ni siquiera abrieron los libros. Me sentí muy frustrado, pero más tarde lo entendí. El nuevo alcalde y su equipo querían empezar de cero. Ese era exactamente el motivo por el que quisieron deponer al anterior alcalde. Habían prometido a sus votantes que dirigirían a su manera.

Los peregrinos hacen el Camino a su manera y por sus propios motivos. Aprendí esto andando con más personas. Aunque soy competitivo por naturaleza, aprendí a evitar comparar mi experiencia en el Camino con la de los demás según si era mejor o peor.

Cuando terminé el Camino y volví a casa, muchas personas se pusieron en contacto conmigo para pedirme consejo sobre cómo hacerlo. Lo hice con sumo gusto, pero con cuidado de no ser demasiado preceptivo o descriptivo. No quería estropearles las sorpresas. Y tampoco quería ser alguien que empujara a los demás a hacer exactamente el Camino como lo hice yo. Decidí ofrecer tanta ayuda como pudiera para inspirarles a hacer el viaje y a prepararse para él, pero nada más. En cuanto algún amigo salía a hacer el Camino, quería que lo disfrutara sin ninguna interferencia por mi parte.

Y la misma lección también se puede aplicar a los líderes. En algún punto, todos los líderes entregan las riendas de su mandato a otro, ya sea de forma voluntaria o no. Deberías tratar las transiciones de salida con la misma atención que las transiciones de entrada a un puesto. *Muéstrate accesible y dispuesto a ayudar a tu sucesor, pero no te entrometas.*

LECCIÓN DE LIDERAZGO DEL CAMINO:
NO COMPITAS CON TUS SUCESORES.

▸ *Abandona el puesto como si fueras tú quien pasara a asumirlo*: si conoces a tu sucesor, pregúntale qué quiere. Si no lo conoces, prepárale un documento informativo centrado en lo que crees que necesita oír, no en lo que quieres decirle. Intenta acordarte de cómo fue tu propia experiencia al empezar en ese trabajo. ¿Para qué te habría gustado que te preparara tu predecesor? ¿De qué no te interesaba hablar?

▸ *Deja claros tus logros*: aprovecha tu mensaje de despedida para resumir todo lo que ha conseguido tu equipo bajo tu liderazgo y

el estado en el que dejas las cosas. Te ayudará a definir tu legado. Y así también te asegurarás de que no se te culpa injustamen-
te por posibles malos resultados en un futuro.

▸ *Guarda silencio*: es natural querer mantener la relación con tus
antiguos compañeros de equipo. Aun así, evita la tentación de
acabar convirtiéndote en un imán para sus quejas sobre su nuevo jefe. Es agradable saber que se te echa de menos, pero debes
acallar cualquier comparación entre tu liderazgo y el del nuevo
jefe. Piensa en cómo querrías que tu predecesor en tu puesto
actual interactuara con tu nuevo equipo. Probablemente, menos
es más.

PARTE III

APLICAR LAS LECCIONES DEL CAMINO

El autor en el Camino, al lado de la Cruz de Ferro.

CAPÍTULO 10

El efecto de después del Camino

EL CAMINO ES UNA EXPERIENCIA INTERNA QUE AYUDA A LOS PEREGRINOS a reflexionar sobre la vida. Hans, de Bélgica, lo resumió de la forma siguiente: «El Camino es muy simple, pero, en esencia, es como la vida en general. Pasan muchas cosas en un mismo día. Multiplícalo por treinta y cinco días y te parecerá como si hubieras vivido una versión comprimida de una vida dentro de la vida real». Karen, de los Estados Unidos, lo explicó así: «Me sentí como si el Camino hubiera sido mi vida entera resumida en un corto periodo de tiempo. Las decisiones que tomaba influían en lo que sucedería después, en las personas que conocería y en los lugares donde pasaría la noche».

El Camino cambia a muchos peregrinos incluso tiempo después de terminar la ruta. Valerie, de Canadá, explica esto: «Cada día recuerdo que el Camino "empieza cuando acaba". La experiencia del Camino es algo que acaba influyendo en muchos aspectos de tu vida; tiene muchas cosas por enseñarte y muchos mensajes por compartir si estás abierto y prestas atención para oírlos y verlos». Sandy, de los Estados Unidos, lo resume así: «El Camino fue una de las cosas más difíciles que he hecho en la vida, pero también ha sido una de las más satisfactorias en términos de crecimiento personal. La persona que era cuando empecé el Camino ha desaparecido; en su lugar hay una mujer mucho más alegre, afectuosa, generosa y altruista». En palabras de Christopher, un procesador de préstamos hipotecarios de los Estados Unidos: «El Camino me dio más tolerancia. Y, cuando volví, era un hombre mucho más pacífico».

El Camino también hace que los peregrinos tengan ganas de correr más aventuras. Donal, un peregrino de Irlanda, afirmó esto:

«El Camino abrió una vida completamente nueva ante mis ojos. Estoy constantemente buscando nuevos desafíos». Hans, de Bélgica, lo explica así: «El Camino también me volvió una persona inquieta. Tengo la sensación de que hay más cosas en esta vida para las que vivir. Ahora estoy en busca de más significado y pensando en formas de conseguirlo».

Hice el Camino para tomarme un descanso de mi carrera profesional. Y la experiencia resultó ser mucho más que un descanso; fue un punto de inflexión.

Los valores que aprendí en el Camino me cambiaron por completo. Soy una persona distinta a la que era antes de empezar el Camino, tanto en mi vida privada como profesional. Me descubro deseando que ojalá hubiera aprendido las lecciones del Camino años antes para haberlas podido aplicar en mis puestos de liderazgo anteriores. Pienso que podría haber sido un líder mucho mejor.

No puedo cambiar el pasado, pero sí que puedo cambiar el presente con las lecciones aprendidas en el Camino. A diferencia de los valores del Camino que recibí en mi credencial de peregrino, estas lecciones son las mías, las que adquirí en mi Camino. Son el resultado de las reflexiones sobre cómo mi vida y mi carrera profesional han cambiado desde ese viaje y de cómo el Camino provocó estos cambios.

Aunque el Camino fue el modo en el que conseguí aplicar esas lecciones, también es posible hacerlo sin tomarte un mes de vacaciones, cruzar un océano y atravesar España entera a pie. Puedes hacer estas cosas a tu manera sin tener que embarcarte en una aventura como el Camino. Los siguientes capítulos describen estas lecciones y ofrecen consejos sobre cómo aplicarlas en tu puesto de trabajo.

CAPÍTULO 11

Cambia tu modo de pensar sobre ti

LA COMBINACIÓN DE DESAFÍO FÍSICO, TIEMPO A SOLAS Y CONOCER A MUCHA gente nueva hacen que el Camino sea una oportunidad única para el autoexamen. «Texas» Tim, un vendedor de coches de los Estados Unidos, describió así la naturaleza introspectiva de su Camino: «El Camino refleja mi vida. La primera parte fue una carrera. La parte del medio fue una pausa. Y la última me mostró quién soy, en quién me estoy convirtiendo. He necesitado cuarenta y cinco años para llegar a este punto. He trabajado, me he esforzado y he salido adelante. He dado mi tiempo a mis hijos de la manera que yo he querido. He buscado con ansia la aprobación de otros. Me conformé con ser como los demás y una mañana me levanté y descubrí que me había convertido en un gordo triste de cuarenta y cuatro años. El Camino me hizo de espejo en el que me vi reflejado».

Encuéntrate a ti mismo a través de desconocidos

Tendemos a trabajar con personas como nosotros mismos. Dentro de una organización compartimos una cultura y una misión. Elegimos la empresa para la que queremos trabajar, y las empresas nos eligen a nosotros, en parte porque tenemos cosas en común. Dentro de una profesión, compartimos intereses, habilidades y experiencias con otros en nuestro campo.

Cuando llegas al Camino, lo único que compartes con los demás es que, por algún motivo, estás lo suficientemente dispuesto, capacitado y chiflado como para emprenderlo. El Camino es como unas

Naciones Unidas en botas de montaña, representando distintos países, carreras, edades y demás sectores demográficos. Debido a esa diversidad, cuando alguien te pregunta de qué trabajas, puede que tengas que empezar a explicarlo partiendo de cero. Algunas cosas como los cargos, los sectores o los nombres de empresa puede que no transmitan lo mismo que en tu país. Quizá también acabes describiendo cómo acabaste en tu industria. Y todas estas cosas pueden ofrecer momentos retrospectivos y reveladores que quizá no hubieras tenido antes. Hans, de Bélgica, lo resumió de la forma siguiente: «Empecé el Camino con la mentalidad de encontrarme a mí mismo y saber qué quiero en la vida (principalmente en mi trabajo), pero con el paso del tiempo me descubrí pensando en las personas que me rodeaban y aprendiendo cosas nuevas sobre mí a partir de ellas».

Al describir mi carrera a desconocidos del Camino, me escuchaba contando una historia que había vivido pero que no había visto. Había tenido una trayectoria profesional en más de seis ámbitos distintos en los veintitantos años que habían pasado desde que me gradué. Había ido saltando de un campo interesante a otro, quedándome lo suficiente en cada uno hasta que el entusiasmo se desvanecía. Cada cambio parecía tener sentido, pero, cuando los explicaba, no parecían guardar ninguna conexión con una estrategia empresarial a largo plazo. Fue solo en el Camino que encontré la relación entre todos ellos.

Ese momento revelador llegó cuando hice un tramo del Camino con Tony, un californiano que me contó su decisión de abandonar su carrera en *marketing* para encontrar la felicidad como profesor de inglés de secundaria. Su historia me atrapó porque el *marketing online* había sido uno de los distintos ámbitos en los que había trabajado yo. Nunca me vi a mí mismo convirtiéndome en un profesor de secundaria, pero me identifiqué mucho con su descripción de lo gratificante que es enseñar. En cierto modo, me hizo querer ser maestro.

Y entonces advertí algo: yo había estado enseñando a los demás durante toda mi carrera. De hecho, era la parte que más me gustaba de la mayoría de los trabajos. Al principio de mi trayectoria profesional aprendí análisis avanzado y habilidades de comunicación. Estas destrezas se convirtieron en mi punto fuerte en el trabajo. Como encargado, había estado enseñando a mis equipos de forma informal estas capacidades en cada interacción. También había sido formador de estas habilidades a tiempo parcial cuando trabajé en un banco y como consultor. Cuando me convertí en director ejecutivo, incluso llegué a lanzar un programa de formación en estas aptitudes para toda la organización.

En el Camino tuve una epifanía: la empresa de formación que estaba empezando era mi llamado, no solo mi paso siguiente. Y para asegurarse de que captara el mensaje, el Camino incluso me proporcionó dos clientes para empezar a trabajar mientras yo seguía mi ruta.

Cuando llegué a casa acabé lanzando mi empresa de formación, DiscoveredLOGIC.com. No he vuelto a mirar atrás desde entonces. He formado a organizaciones de trece zonas horarias distintas en los últimos tres años y he disfrutado de cada segundo.

CÓMO APLICAR ESTO EN EL MUNDO LABORAL:

▸ *Haz un inventario de tus trabajos*: identifica las cosas de tu puesto actual que más te gustan y haz lo mismo para tus empleos anteriores. Así encontrarás puntos en común de lo que más te inspira en tu trabajo.

▸ *Define cuál es tu trabajo ideal*: define cómo sería un trabajo centrado en las cosas que más te gusta hacer. Si existe un puesto así, investiga qué implica en cuanto a estilo de vida y compensación. Plantéate si te estarían bien estas condiciones.

▸ *Únete a nuevas redes*: conocer a personas con trasfondos e intereses distintos a los tuyos te forzará a presentarte de formas diferentes. Estos nuevos contactos te harán preguntas que no te harían las personas de tus redes existentes. Busca otras redes centradas en aficiones, creencias, deportes u otros pasatiempos: cualquier cosa que no sea tu trabajo actual.

▸ *Conoce a personas del ámbito en el que estás interesado*: si te propones ahondar en un nuevo interés, conoce a personas de ese ámbito. Por ejemplo, a menudo antiguos compañeros me piden consejo sobre cómo escribir su primer libro. Yo también recibí ayuda en mi momento, así que estoy contento de poder continuar con la cadena de favores. Pienso que muchos autores comparten este sentimiento.

Si pude cruzar España a pie, también soy capaz de hacer esto

Muchas personas dirían que cruzar a pie un país del tamaño de España es una locura. *Técnicamente* no es una locura, porque miles de personas lo hacen cada año. Pero sí que debe de serlo en otro aspecto, porque miles de millones de personas ni siquiera se lo plantearían.

Una aventura alocada como el Camino amplía la percepción que tiene un peregrino de lo que puede hacer. Joann, una operaria de montaje de cables de los Estados Unidos, lo explicó así: «El Camino me enseñó que tengo más fuerzas de las que jamás habría imaginado. Cada día me levantaba lista para caminar y, cuando llegaba la noche, tenía la sensación de que jamás volvería a andar. Pero no, caminé y caminé… y recé y lloré». Donal, de Irlanda, dijo: «Hice el Camino por primera vez en 2010 con setenta años… Caminar largas distancias me dio mucha confianza en mí mismo. También descubrí que podía ser inspirador para los demás, porque veían que cualquier cosa es posible si te lo propones. Más de una persona me dijo que le había resultado de inspiración, y que querían ser como yo cuando llegaran a tener mi edad».

El Camino me mostró que soy capaz de hacer mucho más de lo que pensaba. Parte del motivo por el que hice el Camino fue porque parecía un gran logro. Me encantaba la idea de poder soltar la frase «Bueno, en una ocasión crucé España a pie» en cualquier conversación durante el resto de mi vida.

Cuando finalicé el Camino, me di cuenta de que haberlo terminado me sirvió para más cosas que simplemente presumir; me había cambiado de un modo más profundo. Ahora, cuando me enfrento a un desafío, lo pongo en perspectiva: «Si pude cruzar España a pie, pues claro que soy capaz de hacer esto».

Además, también me hizo tener más ganas de enfrentarme a nuevos desafíos. Otra cosa que había en mi lista de tareas pendientes había sido escribir un libro, pero hasta entonces me había sentido demasiado intimidado para empezar. Sin embargo, cuando volví del Camino decidí intentarlo. Tenía un concepto sobre el liderazgo que había ido formando a lo largo de los años como líder de varios equipos. Durante todo el tiempo que pasé solo en el Camino pude reflexionar sobre eso en profundidad e ir puliendo la idea. Cuando llegué a casa, empecé a plasmar ese concepto sobre el papel. Y ese papel acabó convirtiéndose en un resumen de más o menos una docena de páginas. No sabía qué hacía falta para escribir un libro, pero conocía alguien que sí lo sabía. Llamé a Mike Figliuolo, el mismo que me había ayudado a atender a los clientes que habían acudido a mí mientras estaba en el Camino. Él ya había publicado un libro de éxito, así que le pregunté si mi resumen general tenía potencial para convertirse en un libro. Me dijo que sí y se ofreció a escribirlo conmigo. Dieciocho meses más tarde se publicó nuestro libro, *Lead Inside the Box: How Smart Leaders Guide Their Teams to Exceptional Results*. Obtuvo buenas reseñas de varias editoriales muy importantes. Acabó siendo uno de los veinte mejores libros de liderazgo según *Leadership and Management Book Review*.

Varias tiendas selectivas, como Hudson Booksellers y FedEx Office, decidieron distribuirlo. Lo que me había parecido imposible antes del Camino se había convertido en una realidad.

Ese primer libro nunca habría visto la luz si no hubiera logrado esa inyección de confianza que me dio haber podido completar el Camino. El Camino sigue dando frutos mucho después de terminarlo, si tú lo permites.

CÓMO APLICAR ESTO EN EL MUNDO LABORAL:

▸ *Haz inventario de tus logros*: ¿de qué desafíos «imposibles» que hayas superado en el pasado puedes sacar más seguridad en ti mismo? Estos desafíos pueden venir de tu vida personal o profesional, tuvieras la edad que tuvieras. Por ejemplo, todavía hoy en día, cuando tengo que tratar con personas difíciles, saco fuerzas acordándome de cómo me enfrenté con éxito a los abusones cuando era pequeño.

▸ *Inspírate en lo que consiguen los demás*: algunas personas ven las reuniones de antiguos alumnos como una oportunidad para ponerse a comparar currículos. Yo las veo como una ocasión para inspirarme en mis antiguos compañeros. Los que más me inspiran son los que encontraron su pasión más tarde en la vida y la persiguieron con éxito. Si uno de mis compañeros de instituto ha conseguido llegar a ser director en Hollywood, quizá no es una idea tan peregrina eso de que yo quiera escribir libros.

▸ *Haz vacaciones con un propósito*: tus vacaciones pueden ser más que tiempo libre; pueden ser grandes oportunidades de desarrollo personal para que te demuestres a ti mismo que puedes hacer cosas de las que nunca te habrías visto capaz. Si usas tu tiempo libre para superar un desafío, eso te harás más fuerte, no solo a nivel personal sino también profesional. Si necesitas más flexibilidad en tus vacaciones, puedes argumentarle a tu jefe que también las aprovecharás para tu desarrollo profesional.

▸ *Aplica las experiencias de fuera en tu trabajo*: piensa en los problemas que has superado fuera de tu trabajo. Aprovecha para poner en perspectiva los desafíos a los que te enfrentas en el trabajo. «Si puedo [añade aquí un desafío superado], ¡también puedo hacer esto!».

Sé algo más que tu trabajo

Haga lo que haga un peregrino en su vida diaria, importa poco mientras está haciendo el Camino. «Peregrino» es la única de las vocaciones que importa para aquellos que hacen el Camino. Arminelle, de Australia, lo explicó así: «También me pareció fascinante lo poco importante que es tu vida en el Camino. La mayoría de las personas que conocí allí se habían propuesto no preguntar ni explicar cómo se ganaban la vida, y eso me pareció muy liberador. Ya no podíamos escudarnos en nuestra profesión ni ser juzgados por ella, solo por cómo éramos como personas. Para algunos esto parecía más bien un obstáculo; necesitaban que todo el mundo supiera que eran peces gordos, pero yo solo podía pensar en lo triste que era que las personas solo pudieran definirse por lo que hacen».

Yo viví en San Diego, California, durante un par de años cuando rondaba los treinta y cinco. Mi empresa, un banco importante de la costa este, me había trasladado allí. Habían comprado una empresa *online* en San Diego y querían que algunos miembros del equipo directivo del banco pasaran a la nueva firma. Cuando me llamaron para decírmelo, me sentí como si me hubiera tocado la lotería. Era un puesto magnífico, me pagaban mejor y me compensaron bien por el traslado. Y, lo que era más importante, me iba a vivir a San Diego, con sus días soleados y sus playas paradisiacas.

Dos cortos años más tarde volvía a estar en la costa este, trabajando en Washington D. C. El banco había decidido mover la operación de San Diego a Texas, así que yo decidí pasar a otro puesto distinto dentro de la misma empresa en su sede de Washington D. C.

Yo ya había vivido en D. C. y me encantaba, pero volver fue un golpe duro. Echaba de menos el sol y las playas de San Diego. También echaba de menos la mentalidad relajada de San Diego respecto al mundo laboral. Allí la gente a menudo llevaba pantalón corto y chanclas al trabajo, y tampoco solían hacer muchas horas extra. Hay demasiadas cosas que hacer fuera del trabajo cuando vives en un paraíso como San Diego.

Cuando volví a Washington D. C., tenía la sensación de que todo el mundo me preguntaba dónde trabajaba a los pocos segundos de conocerme. Solo entonces caí en la cuenta de que muchos de mis amigos de San Diego no me habían preguntado *jamás* de qué trabajaba. Lo único que les importaba era que yo *fuera* una buena compañía, no si *trabajaba para* una. Y eso me hizo advertir lo diferentes que eran ambas culturas. En San Diego, el trabajo es algo que haces. En Washington, es algo que *eres*.

Pronto me dejé atrapar por esa mentalidad de Washington. Me centré mucho en el lugar que ocupaba en el escalafón social de D. C. gracias a mi empresa y a mi cargo. Me encantaba hablarle a la gente de mi trabajo con fingida modestia, especialmente a medida que mis títulos sonaban más impresionantes (o al menos eso me parecía a mí).

El Camino me ayudó a darme cuenta de que, para ser una buena compañía, tenía que ser algo más que mi cargo. A la gente le daba igual lo que yo hiciera fuera del Camino. Lo que les importaba era que yo les transmitiera una buena sensación. Me tomé muy en serio esta lección cuando volví a casa. El trabajo se convirtió de nuevo solo en una parte de mí. Quería ser mejor en el resto de mis roles en la vida, como familiar, amigo y pareja.

CÓMO APLICAR ESTO EN EL MUNDO LABORAL:

▶ *No preguntes inmediatamente por el trabajo de alguien*: fíjate en cómo te presentas y hablas con la gente a la que acabas de conocer. ¿Les preguntas inmediatamente por su trabajo, estés en el entorno que estés? Pregúntale a tu cónyuge o a algún amigo si haces esto.

▶ *Evalúa tu comportamiento*: piensa en algún momento en el que hicieras esa pregunta fuera de contexto. ¿Por qué la hiciste? ¿Intentabas que la otra persona a su vez te preguntara lo mismo para poder presumir de tu puesto en una jerarquía social?

▶ *Cambia tu forma de identificarte*: si alguien te pregunta «¿Y tú a qué te dedicas?», intenta darle otra respuesta que no sea solo tu trabajo. «Pues soy padre, marido, entreno a un equipo juvenil de básquet y soy ejecutivo en un banco» te hace parecer más interesante y equilibrado que «Soy vicepresidente sénior de procesamiento de facturación en la división de *software* de ACME a nivel mundial». Y presentarte de una forma más equilibrada puede ser una buena manera de tener tú mismo presente lo importante que es que tus distintas funciones estén armonizadas.

▶ *Crea tu propia marca*: algunas personas que trabajan para organizaciones muy famosas basan su «marca personal» en eso. «Trabajo para Megaempresa» es una forma fácil de responder a una pregunta sobre el trabajo, pero también puede convertirse en una muleta. Piensa en lo que dirías si ya no trabajaras para tu empresa actual. Imagínate que eres un consultor profesional en tu ámbito y que tu compañía es solamente uno de tus clientes actuales. ¿Cómo te describirías a ti mismo en este caso?

▶ *No confundas tus puestos con tus resultados*: Thomas Jefferson fue el tercer presidente de los Estados Unidos, su segundo vicepresidente y el primer Secretario de Estado. Fue el segundo gobernador de Virginia. Es uno de los tres presidentes de los Estados Unidos inmortalizados en el monte Rushmore y en el corazón de Washington D. C. Y aun así, Jefferson especificó que su epitafio solo dijera lo siguiente: «Aquí yace Thomas Jefferson, autor de la Declaración de la independencia de los Estados Unidos y del Estatuto de Virginia sobre la libertad religiosa, y padre de la Universidad de Virginia». Jefferson no quiso ser recordado por sus puestos de trabajo, sino por los resultados que logró. Con solo 187 caracteres, Jefferson embutió su trayectoria histórica en un resumen de resultados que cabría en un tuit. ¿Qué tuit te gustaría que se inscribiera en tu lápida?

CAPÍTULO 12

Cambia tu modo de pensar sobre los demás

EL CAMINO ES UNA EXPERIENCIA INTENSA DONDE CONOCES A MUCHAS personas nuevas, de muchos lugares diferentes, en muy poco tiempo. Los peregrinos se ven expuestos a muchas culturas e idiomas distintos. Para mí fue un choque cultural a la altura de mis primeras semanas de universidad, cuando yo era un adolescente del Medio Oeste de Estados Unidos que había estudiado en un instituto provinciano y que empezaba en una universidad de una gran ciudad en la costa este. El Camino me enseñó a pensar de una forma distinta sobre los demás en tres aspectos.

No te fijes solo en la nacionalidad

La experiencia del Camino va más allá de lo multinacional: es «anacional». Tu procedencia no importa demasiado en el Camino. Todo el mundo comparte una misión común: terminar la peregrinación. Para la mayoría, eso significa llegar a Santiago de Compostela a pie. Y, además, todos compartimos la sensación de aventura (o de locura) que trae consigo el embarcarse en una misión como esta. «Texas» Tim resumió de la forma siguiente su sentimiento: «Echo de menos tratar con gente de todo el mundo: compartir nuestra comida, corazón, pensamientos, esperanzas, sueños e historias vitales con extranjeros de países lejanos. Extranjeros, pero nuestra familia. Reunidos por muchísimos motivos distintos, pero con un lazo común que nos une: el Camino. Lo echaré de menos».

Andi, una crupier de póker de los Estados Unidos, descubrió de forma dramática lo que es la colaboración internacional en su Camino: «Llegué a Samos cerca de mediodía. Allí me encontré con otro amigo del Camino y pasamos la tarde juntos. Mientras comíamos, advertimos que el cielo se estaba tapando, y empezaron a caer algunas gotas justo al pagar la cuenta. Cuando volvimos a nuestras literas en el albergue, llovía a cántaros y se oían truenos. Para el momento en que fuimos a guardar las carteras, el agua ya caía de forma torrencial, como si fuera a acabarse el mundo; parecía el diluvio universal y el estruendo de los truenos retumbaba como jamás había oído. Cayó tanta lluvia y tan deprisa que el albergue se empezó a inundar. El agua entraba por las puertas, así que subimos nuestras pertenencias a la litera a toda prisa. Para cuando la tormenta hubo terminado, había unos veinte centímetros de agua cubriendo el suelo del albergue. Nos pasamos el resto de la noche sacando cubos de agua de la habitación, ya que no había desagües. Fue un esfuerzo internacional de proporciones épicas. Americanos, australianos, italianos, alemanes, españoles... Daba igual; todos estábamos en la brigada del cubo. Unos monjes y alguna gente del pueblo que vino a socorrernos nos dijeron, mientras nos ayudaban a achicar el agua y a limpiar la habitación, que era la peor tormenta que habían visto jamás. Alrededor de las diez de la noche ya habíamos sacado el agua, el suelo estaba (más o menos) seco y todos estábamos listos para irnos a dormir. La habitación todavía estaba húmeda y mojada, pero nosotros estábamos bastante secos. Fue un día que jamás olvidaré, no por la terrible inundación, sino por el modo en el que todos nos unimos en un solo equipo. Fue una muestra perfecta de una de las mejores partes del Camino... No hay naciones ni fronteras en el Camino; todo el mundo es un peregrino, sea cual sea su origen o etnia. ¡Compartir un objetivo en común ayuda a superar las diferencias!».

Si a alguien se le pone una etiqueta en el Camino, es más por su modo de llegar a Santiago que por el lugar donde ha empezado. La única etiqueta crítica que oí en el Camino fue la de «el de los ronquidos». Era un hombre que no había dejado dormir a los demás peregrinos por la noche con sus sonoros ronquidos en las habitaciones compartidas de los hostales. Yo no sabía cómo se llamaba, de dónde venía ni nada más sobre él; solo sabía que roncaba. Pienso que mi reputación en el Camino giraba en torno a mi enorme sombrero verde con una visera trasera rara que me hice yo mismo. Lo sé porque, cuando perdí la visera, tres maravillosas belgas supieron exactamente a quién devolvérsela.

Desde el Camino yo también he aprendido a no darle tanta importancia a las nacionalidades. En mi vida personal me he desplazado constantemente entre los Estados Unidos y Europa para mantener una relación con una maravillosa mujer que conocí en mi Camino. Esa experiencia me ha enseñado que nuestras culturas se parecen en muchas más cosas de las que se diferencian. Y en vez de suponer un desafío, las diferencias son una oportunidad para aprender algo nuevo.

También he aprendido que las nacionalidades no importan demasiado en mi vida laboral. Mi empresa de formación es un nicho, pero es un nicho global. Recibo solicitudes de todo el mundo y, cuando trabajo con posibles clientes, me centro más en lo que necesitan que en sus nacionalidades. Si comparamos dos aulas de formación llenas de estudiantes de dos culturas distintas, encontraremos muchas más similitudes que diferencias. Yo recuerdo más a mis estudiantes por su energía y preguntas que por sus nacionalidades.

En resumen, el Camino me enseñó a ir más allá de las nacionalidades y a ver a las personas a través de sus intereses y objetivos en común. Y eso ha multiplicado radicalmente mis posibilidades de entablar amistades y hacer negocios.

CÓMO APLICAR ESTO EN EL MUNDO LABORAL:

▸ *Busca objetivos y valores en común*: si trabajas con compañeros de otros países, las diferencias culturales pueden hacer más difícil el trabajo en equipo. Para superar esto, identifica los objetivos y valores que comparten. Aunque vengan de culturas distintas, ambos han decidido trabajar para la misma empresa. Identifica qué características de su organización les han llamado más la atención a ambos. Por ejemplo, si tienen en común el interés por la innovación, acude a esta idea cuando las diferencias se interpongan en el trabajo en equipo.

▸ *Fomenta el espíritu de equipo celebrando las diferencias*: las diferencias culturales pueden ofrecer oportunidades para reforzar tu equipo. Trabajar en equipos internacionales ofrece la infrecuente oportunidad de interactuar con personas de otros países con profundidad, más allá de un nivel superficial. Las actividades para fomentar el espíritu de equipo a menudo pueden parecer artificiales y forzadas. Enseñarnos unos a otros sobre nuestras costumbres, comida y otras diferencias puede ser una forma más natural de que las personas del equipo se conozcan entre sí.

▸ *Aprende de tus propias raíces internacionales*: al investigar mi árbol genealógico pude apreciar de forma renovada a las personas de otras nacionalidades en los Estados Unidos. Todos mis antepasados llegaron a mi país como inmigrantes. Algunos vinieron en peregrinación religiosa desde Inglaterra en el siglo XVII; otros, como sirvientes esclavos de Alemania en el siglo XVIII; y otros, como inmigrantes económicos de Europa del Este en el siglo XX. Respeto mucho los arrestos que debieron tener mis antepasados para llegar a América y la disciplina de trabajar duramente que necesitaron para prosperar. También estoy convencido de que algunas personas locales debieron de ayudar a mis antepasados inmigrantes a lo largo de su viaje. Por ejemplo, los granjeros de Pensilvania que contrataron a mis antepasados alemanes seguro que fueron amables con ellos, ya que fueron los padrinos de mi primer antepasado alemán nacido en América. Esta hospitalidad hacia los recién llegados es algo que yo también intento poner en práctica.

Siempre estás en algún equipo

Algunos peregrinos empiezan el Camino en grupo. Otros empiezan solos pero acaban uniéndose a otros caminantes. Estos grupos les proporcionan compañía y apoyo mutuos. Karen, de los Estados Unidos, resumió su experiencia de la forma siguiente: «Funcionábamos en equipo y, a la vez, de forma individual. Caminábamos juntos o por separado y, cuando nos volvíamos a encontrar, nos alegrábamos muchísimo de volvernos a ver. Nunca nos sentimos obligados a nada, pero nos ayudábamos unos a otros ante la necesidad; les dábamos total libertad a los demás para que hicieran lo que necesitaran. La vida debería ser así».

Algunos peregrinos reciben ayuda de grupos a los que pertenecen fuera del Camino y que tienen presencia en él. Por ejemplo, Lysa, la paramédica de Inglaterra, describe cómo otros compañeros y compañeras de profesión la ayudaron a lo largo del Camino: «Los voluntarios de las ambulancias cerraron su estación para poder acompañarme a un lugar más barato donde alojarme. Dormí en estaciones de ambulancias, hospitales, conventos y casas de desconocidos. Gracias a la bondad del corazón de otros, recibí cuidado, comida, refugio y apoyo».

Algunos peregrinos encuentran un equipo al que unirse incluso antes de empezar el Camino. Maryanne, de los Estados Unidos, compartió su historia: «Cuando me decidí a hacerlo, ni una sola persona quiso emprenderlo conmigo; nadie había siquiera oído hablar del Camino. Así que fui a Internet y hallé a un grupo magnífico llamado Spanish Steps. ¡Fue maravilloso encontrar a otros caminantes con mi misma mentalidad!».

Escribir un libro es lo más difícil que he hecho jamás. Es un proceso largo y tedioso que me asusta y me supone todo un reto. Para mi primer libro conté con un coautor experimentado, Mike. Él me enseñó a convertir una idea para un libro en una realidad. Yo ya sabía que echaría de menos la compañía de Mike para este libro, pero era consciente de que tenía que contar esta historia yo solo.

Sin embargo, al final resultó que no iba a escribir este libro yo solo. Quería incluir historias de otros peregrinos, así que publiqué una encuesta en Facebook y la dirigí a las personas interesadas en el Camino. Recibí más de cien respuestas de peregrinos de todo el mundo que ya habían hecho el Camino. Supe que sus historias serían un buen añadido para mi libro. Lo que sí que no me esperaba fueron todo el respaldo y la energía positiva que me llegaron a través de esa encuesta; resultaron una ayuda inestimable. Fue como tener cien coautores. Tenía la sensación de que contaba con un centenar de nuevos amigos alrededor de todo el mundo que también estaban implicados en el proceso.

CÓMO APLICAR ESTO EN EL MUNDO LABORAL:

▸ *Ten claro quién está en tu equipo*: incluso si trabajas solo, formas parte de algún equipo que te puede respaldar. Pueden ser tu familia o tus amigos. Pueden ser compañeros antiguos o actuales. O quizá otras personas con tu misma profesión. Descubre en qué comunidad estás y cómo relacionarte con ella.

▸ *Comunícate con tu equipo*: cuéntale a tu equipo qué objetivos tienes y por qué los persigues. Comparte tu experiencia. Establece canales para que la gente pueda recibir tus noticias si quieren. Mientras escribía este libro, por ejemplo, formé un grupo en Facebook sobre el proyecto donde cientos de personas pudieron seguir mi progreso y animarme.

▸ *Incluye a tu familia en tu equipo de trabajo*: valora el modo en el que tu familia posibilita tu trabajo. Por ejemplo, mi hermano tuvo la amabilidad de encargarse de varias de mis otras responsabilidades a medida que se acercaba la fecha de entrega de mi libro para que yo tuviera más tiempo para escribir.

▸ *Valora a tu equipo*: asegúrate de que tu equipo sabe que aprecias su respaldo. Siempre que se te presente la oportunidad, dales el reconocimiento que se merecen a las personas que te están ayudando.

Los libros tienen secciones de agradecimientos y los premios tienen discursos de gratitud donde puedes hacer precisamente esto. Busca o crea canales como estos para darle las gracias a tu equipo.

Los uniformes tienen poder

Es muy fácil identificar a un peregrino en el Camino, incluso aunque esté en medio de una multitud de personas que no lo son. La mochila, las botas y demás atuendo de caminante forman parte del uniforme del peregrino moderno. En la ropa del peregrino, la funcionalidad tiene prioridad respecto a la moda. Las marcas y etiquetas no tienen importancia, y no son símbolos de riqueza o estatus. Karen, de los Estados Unidos, lo describe de la forma siguiente: «Cuando estábamos en el Camino, todos éramos iguales de verdad. Teníamos más o menos el mismo aspecto. Hacíamos exactamente lo mismo, y daba absolutamente igual que fuéramos mendigos o increíblemente ricos: nadie hubiera podido deducirlo con solo vernos. Ojalá la vida fuera así. Nunca había visto una igualdad real como esa».

Yo nunca he trabajado en un puesto donde tuviera que llevar uniforme, así que el Camino fue lo más parecido a llevar uniforme que he hecho. Me encantó. Cada día llevaba puestas mis mejores prendas. Lo que carecía en variedad lo ganaba en comodidad y seguridad en mí mismo. También me encantó no tener que preocuparme por cambiarme y combinar la ropa. Aunque tuviera el mismo aspecto, siempre iba con mis mejores galas.

Dejando a un lado mi uniforme, me encantaba lo fácil que me resultaba interactuar con los demás gracias a su aspecto de peregrinos. El uniforme de peregrino no cambia demasiado entre los modelos más caros y elegantes y los de gama más baja. La ropa de un peregrino no da demasiadas pistas sobre cómo es su vida fuera del Camino. Si quieres juzgar a alguien, tendrás que hablar con esa persona antes. Compartir uniforme también crea un espíritu de camaradería entre los peregrinos. Nos podíamos reconocer unos a otros con solo un vistazo, y eso hacía que conocer a personas nuevas y presentarte fuera mucho más fácil.

CÓMO APLICAR ESTO EN EL MUNDO LABORAL:

▸ *Sé un modelo a seguir*: si eres un ejecutivo y parte de tu organización lleva uniforme, plantéate llevar uno tú también, al menos de vez en cuando. He visto el impacto que tiene esto en la experiencia de un amigo que dirige una de las instalaciones públicas de más envergadura de los Estados Unidos. Si no está en Wall Street intentando subir el precio de un bono, seguramente llevará el mismo uniforme que sus trabajadores que están de cara al público.

▸ *Busca formas de implementar uniformes*: si nadie en tu plantilla lleva uniforme, busca formas alternativas de crearlos. Por ejemplo, si tu equipo de ventas tiene camisetas de empresa para las ferias de muestras, plantéate darles las mismas camisetas al resto de empleados. Anima a tu equipo a que todos se las pongan a la vez, por ejemplo, para el aniversario de la empresa o un día concreto de la semana.

▸ *Busca alternativas a los uniformes*: si tus subalternos no llevan uniforme, busca algo que sí que lleven todos (por ejemplo, la tarjeta identificativa) y llévalo tú también. Ver a tu jefe llevando lo mismo que los empleados que están de cara al público puede transmitir un mensaje muy potente al resto de la organización. También puede ser un buen recordatorio para el resto de los ejecutivos sobre la necesidad de tener presentes las necesidades de los empleados que trabajan de cara al público.

▸ *Rinde homenaje a los uniformes*: expón o muestra versiones antiguas de uniformes o de tarjetas identificativas de la empresa como reliquias de la historia de tu organización. Si tienes las credenciales que recibieron los altos cargos actuales cuando empezaron en la empresa, quizá podrían resultarles interesantes a los demás empleados.

CAPÍTULO 13

Cambia tu forma de actuar

CAMINAR VEINTICUATRO KILÓMETROS AL DÍA TREINTA DÍAS SEGUIDOS NO es un comportamiento normal. Andar el Camino implica que un peregrino ha decidido hacer algo radicalmente diferente en su vida. Terminar el Camino me enseñó a actuar de forma distinta en cuatro aspectos diferentes.

No te esperes a la jubilación

Pocos de los peregrinos que conocí en el Camino estaban jubilados. Si miramos los datos estadísticos, solo un 3,6 % de los peregrinos que, como yo, recibieron la Compostela en agosto de 2013 indicaron «jubilado» como su estado laboral.[1] Aunque hay menos jubilados durante los meses de verano, solo representan un 12 % del total de peregrinos del Camino que han recibido una Compostela en los últimos años.

Me quedé impresionado por todos los jubilados que conocí durante el Camino. No me parecía que estuvieran más en forma que el resto de las personas de su edad. Al jubilarse y verse con más tiempo libre, decidieron emprender la ruta y suplir sus carencias físicas a base de fuerza de voluntad. Su valentía para probar a hacer el Camino me sorprendió tanto como la determinación que mostraron para seguir adelante.

Por otro lado, me asombró incluso más la gran mayoría de personas que consiguieron hacer el Camino *antes* de tener el tiempo libre que trae consigo la jubilación. Algunas personas tenían trabajos que les permitían tomarse un mes de vacaciones. En el Camino conocí a más profesores de escuela que cualquier otro tipo de profesional, y con diferencia. También conocí a muchas personas que trabajaban de otras cosas y que consiguieron hacer el Camino en unos plazos más compatibles con las vacaciones típicas. Había quien hacía una o dos semanas en el Camino y después volvía con la idea de ir haciendo el resto a intervalos similares. Algunos encontraron la forma de conseguir un permiso especial para tomarse un mes libre. Otros, como yo, aprovecharon la transición entre dos trabajos para tomarse unas vacaciones más largas.

Para muchas personas, la «jubilación» se convierte en un cajón de sastre donde meter todas las cosas que quieren hacer en sus vidas. «Ya lo haré cuando me jubile» es una forma fácil de posponer muchas cosas que querrías hacer pero con las que no quieres comprometerte. Por cada jubilado que hace el Camino, me pregunto cuántos otros habrá que han perdido la oportunidad de recorrerlo porque han esperado demasiado. Arminelle, de Australia, conoció a tres personas que hacían el Camino por seres cercanos que habían fallecido: «Querían hacer Camino por ellos. Yo me limitaba a apreciar el hecho de poder hacer algo así cuando tantas personas no pueden». Oihana, de Irlanda, me contó su historia: «Hice mi primer Camino con mi mejor amiga de toda la vida para nuestro trigésimo cumpleaños, y nos prometimos que haríamos el Camino portugués por la costa desde Baiona para nuestros cuarenta años. Mi amiga murió de repente cuando tenía treinta y ocho años, pero yo hice el Camino como homenaje a ella para celebrar la cuarentena».

CÓMO APLICAR ESTO EN EL MUNDO LABORAL:

▸ *Replantéate tus fechas límite*: no me gusta la expresión «lista de cosas que hacer antes de morir» para hablar de tus objetivos en la vida. La muerte es una fecha límite terrible. Marcarse una fecha límite puede ser un buen mecanismo para obligarte a centrarte más en algo cuando todavía tienes tiempo y capacidad suficiente para conseguirlo. Pero eso no funciona así con los objetivos que te marcas para tu vida. Nuestras capacidades tienden a disminuir a medida que nos hacemos mayores. Es mucho mejor marcarse una «lista de vida» de cosas que queremos hacer mientras todavía podemos. Para objetivos para los que hace falta un elemento físico, como completar el Camino, márcate fechas límite que te avisen de que pronto serás incapaz de hacerlo. En vez de decir que hacer el Camino está en tu «lista de cosas que hacer antes de morir», di que está en tu lista de cosas por hacer antes de que pierdas la capacidad de caminar un kilómetro.

▸ *Prioriza y limita tus objetivos*: una lista de las cosas que harás cuando te jubiles puede convertirse en un cajón de sastre lleno de un montón de objetivos sin priorizar que nunca podrás hacer si no vas con cuidado. Si tienes una lista, clasifica cada cosa por importancia y céntrate en un número finito. Tener una lista de cinco o diez elementos te ayudará a concentrarte en ellos y a darles prioridad. Marcarte como límite un número finito y realista hace que empezar con la lista sea menos intimidante. También hace que sea más fácil sentirse realizado cuando tachas una o dos cosas.

▸ *Haz la lista por partes*: si tienes cosas que te gustaría hacer cuando te jubiles, ¿por qué no vas probándolas a pequeña escala antes de jubilarte? Si quieres hacer el Camino, hazlo durante una semana en vez de tomarte la típica semana de vacaciones. Quizá no te guste y decidas quitarlo de tu lista de objetivos. O quizá te encante y quieras embarcarte en más aventuras por el estilo. Si quieres «escribir un libro» cuando te jubiles, ¿por qué no empiezas con un blog o con relatos cortos en tu tiempo libre mientras todavía estás trabajando? Quizá acaben por convertirse en tu libro. Quizá descubras que prefieres tener otras cosas en tu lista de prioridades.

Primero compra el billete: lo demás ya vendrá

Planificar el Camino es complicado. Para ello, los peregrinos tienen que encontrar el equilibrio entre sus capacidades físicas y económicas y, además, combinarlo con la posibilidad de tomarse algunas semanas libres de responsabilidades. Puede que la parte de planificación asuste a las personas que se plantean hacer el Camino. Dave, un ejecutivo de los Estados Unidos, me contó cómo su mujer y él decidieron hacer el Camino: «En 2014 yo creía que ya había triunfado en la vida. Lo tenía todo: cincuenta y tres años, una bella esposa, dos hijos exitosos, una casa bonita y un trabajo como ejecutivo en una empresa que facturaba cuatro mil millones de dólares. Entonces, con solo una semana de aviso, me despidieron. Llevaba catorce años en esa empresa, con mucho estrés, trabajando doce horas al día y muchos fines de semana, con sobrepeso y viajando más de ciento sesenta mil kilómetros al año. No estaba preparado en absoluto para esto. Fui a casa para contárselo a mi esposa y decidir qué hacer a continuación. Le dije: "Venga, saquémosle el lado positivo a esto, hagamos algo pendiente de nuestra lista de cosas que hacer antes de morir. Hagamos el Camino". Mi mujer me miró como si me hubiera vuelto loco. "¿Quieres caminar ochocientos kilómetros con la forma física que tienes? Si ni siquiera te gusta sacar a pasear al perro, ya ni hablemos de ochocientos kilómetros". Yo repuse: "Bueno, tenemos un poco de tiempo para planificarlo todo y ponernos en forma. Nunca seremos tan jóvenes como ahora, y si no conseguimos terminarlo, nos montamos en un bus y al menos tendremos unas buenas vacaciones". Al día siguiente compramos los billetes, unas buenas botas de senderismo y empezamos con nuestra aventura. Ahora, dos años después, lo miro en retrospectiva y veo que tuve suerte. Fue la mejor cosa que me podría haber pasado. Fue un regalo y no lo supe hasta después».

He hecho muchas rutas a pie y en bicicleta, y el desafío mental o físico del camino nunca es la parte más estresante, sino las semanas anteriores, cuando sé que quiero hacerlo pero no consigo comprometerme a comprar el billete. Puedo pasarme días buscando los vuelos más baratos y los mejores horarios. Tengo miedo de que, si me decido por un horario y un vuelo concretos, al día siguiente aparecerá uno mejor. De forma inevitable, en cuanto compro el billete, mi nivel de estrés cae en picado. Cuando tengo el billete comprado, ya sé seguro que iré. Después ya me puedo poner con los detalles. Antes de marcarme unas fechas concretas, tengo por delante infinitas posibilidades para mis itinerarios. En cuanto ya me he decantado por una opción y marco las fechas, ya puedo empezar a encargarme de los detalles. Y cuando echo la mirada atrás y pienso en el tiempo que me he pasado buscando el billete más barato y el dinero que he acabado ahorrándome, me doy cuenta de que debería haberlo comprado mucho antes.

He aprendido que mis vacaciones empiezan en el momento en que compro el billete. Ponerse a investigar opciones de rutas y alojamientos solo tiene sentido si ya tienes un itinerario definido a partir del billete de ida y vuelta. Imaginarme a mí mismo en la ruta cada día a medida que voy planificando el viaje es casi como estar de vacaciones en una realidad alternativa antes de que empiece la aventura de verdad. Las vacaciones mentales pueden empezar semanas antes que las vacaciones físicas.

CÓMO APLICAR ESTO EN EL MUNDO LABORAL:

▸ *Identifica las barreras*: la parte más dura de una aventura como el Camino es el primer paso. Hay innumerables motivos por los que estas experiencias pueden ser una mala idea. No puedes tomarte un descanso del trabajo o de tus obligaciones familiares. No estás en forma. Quizá no te gustará. No te lo puedes permitir. En cuanto decidas que quieres hacer algo como el Camino, identifica las barreras y clasifícalas en distintas categorías.

▸ *Crea un plan para superar las barreras*: la primera categoría son aquellas cosas que puedes cambiar. Puedes ponerte en forma para poder salir a caminar, por ejemplo. Posiblemente puedes empezar a ahorrar dinero y a reservarte días de vacaciones para el viaje. Ve apuntando cada barrera e identifica qué tienes que hacer para sortearla. Calcula aproximadamente cuánto tiempo te llevará. En cuanto lo tengas todo por escrito, ya tendrás un plan y una fecha de inicio.

▸ *Plan de emergencia*: después, piensa en aquellas cosas que no puedes cambiar. Por ejemplo, puede que quizá no te guste andar por el Camino. Quizá te hagas daño y no seas capaz de continuar. Ten siempre un plan de emergencia para salvar la situación.

▸ *Da el pistoletazo de salida*: en cuanto tengas la fecha de inicio y el plan de emergencia a punto, compra el billete. El billete creará una fecha límite definitiva en la que podrás centrarte para tomar el primer paso. También representará tu compromiso con la aventura. Ya no te limitas a hablar de hacer el Camino, sino que ya tienes un pase oficial para hacerlo.

▸ *Recuerda otros momentos en los que te has lanzado a la aventura*: si sigues sin contar con la confianza para pasar a la acción, recuerda algún otro momento en el que dudaras antes de tomar una gran decisión. Quizá fue empezar en un trabajo nuevo. Quizá fue dar un paso adelante en una relación personal. Recuerda cuál era tu mentalidad en aquel momento para ayudarte a evaluar si estás conteniéndote por motivos válidos o si solo se trata de nervios.

Menos es más

Los peregrinos prestan mucha atención al peso de sus mochilas porque tienen que cargarlas muchas horas y kilómetros al día. Hay incluso un chiste que dice que, para cuando terminan el Camino, los peregrinos saben cuánto pesa incluso su ropa interior. Al tener que llevar a mis espaldas todo lo que necesitaba para un mes, aprendí a diferenciar entre lo que necesitaba y lo que quería. Llevar una variedad de colores y estilos de ropa añadía peso y complejidad a mi mochila. Hacia el final de mi primera semana en el viaje descubrí que un ochenta por ciento del tiempo usaba un veinte por ciento de la ropa que había metido en la mochila; lo demás era peso muerto. Acabé por deshacerme de mucha de la ropa que *quería* llevar y simplemente lavaba y llevaba las piezas que *necesitaba*.

El Camino le enseñó algo a Kailagh, de Nueva Zelanda: «En mi primer día de caminata por los Pirineos aprendí una poderosa lección sobre el materialismo. No llevábamos casi nada en las maletas, pero como habíamos pasado por París, yo había comprado algunos libros ilustrados para niños (que era lo que coleccionábamos en nuestros viajes) pensando que no supondría ningún problema cargarlos durante ochocientos kilómetros a través de un país. Sin embargo, mientras sudaba tinta para subir una cordillera el primer día, descubrí que no me hace falta nada en esta vida que vaya a complicarme el viaje. Esos libros solo nos hacían más difíciles las cosas. Así que dejamos nuestros bonitos cuentos en Roncesvalles con la esperanza de que algunos niños lugareños fueran más felices gracias a nuestra carga aligerada. Fue una pequeña lección que me enseñó que, realmente, no necesito cosas materiales para ser feliz: son solo extras que tienes que llevar encima y que hacen que pasar a lo siguiente sea todavía más complicado».

Después del Camino algunos peregrinos intentan abordar sus vidas de una forma minimalista. Karen, una estadounidense, describió su Camino de este modo: «Yo tenía una mochila con todo lo que pudiera necesitar y que pesaba como mucho siete kilos; no me hacía falta nada más. Intenté empezar a deshacerme de cosas innecesarias cuando llegué a casa, pero acabé por desistir. Ahora

vuelvo a intentarlo de nuevo». Pearl, de Nueva Zelanda, aprendió
lo siguiente en su Camino: «Descarga todo el bagaje innecesario de
tu vida: no puedes llevarlo todo encima. Si no es tu responsabilidad
y no puedes hacer nada al respecto, deshazte de ello».

Empecé a pensar en lo útil que puede ser una mentalidad minimalista a la hora de analizar los proyectos en el lugar de trabajo.
Recuerdo cuántos proyectos de nuevas tecnologías vi inflados por
prestaciones añadidas «que estaría bien tener». Yo, igual que los
demás, también iba añadiendo petición tras petición. Me pregunto
si habría tenido tantas ganas de añadir más requisitos si hubiera
sido yo quien llevara la carga.

CÓMO APLICAR ESTO EN EL MUNDO LABORAL:

▶ *Sé inflexible al determinar el ámbito de un proyecto*: ahora,
cuando decido qué cubrirá un futuro proyecto, me obligo a mí
mismo a definir cuál es su objetivo esencial y me deshago de cualquier parte «que estaría bien tener» y que no sea absolutamente
necesaria. Si quiero añadir algo nuevo a un proyecto ya definido, intentaré buscar una parte aproximadamente igual que pueda eliminar para aceptar la nueva propuesta.

▶ *Busca la velocidad por encima del volumen*: a menudo hay que
decidir que, o bien se le da prioridad al tiempo necesario para
completar un proyecto, o bien se le da más importancia a su volumen o ámbito. Decidirse por un proyecto de un ámbito inferior
y que puede terminarse antes tiene muchas ventajas. Puede que
superes a tu competencia en el mercado. Puede que te salga más
barato. Puedes ganar experiencia directa y rápida que te ayudará a definir mejor la siguiente iteración del proyecto.

▶ *Ve sobre la marcha*: a veces resulta tentador incluir en el ámbito de un proyecto todos los ingredientes necesarios. Ese deseo
de ser completamente independiente del mundo externo puede

acabar por hinchar muchísimo un proyecto. Una cosa que me gustó del Camino fue el hecho de que no tenía que llevar agua, comida ni tienda de campaña encima: podía estar seguro de que encontraría todas estas cosas a lo largo de mi recorrido.

▸ *Llévate semillas, no plantas*: también puedes aplicar este enfoque de «menos es más» de los mochileros a la comunicación. Plantéate un máximo de páginas o palabras para tus correos electrónicos, blogs o presentaciones. Intenta condensar el máximo valor en este «presupuesto de palabras», escribiendo para transmitir ideas y no solo para describir cosas. Esboza tu idea lo suficiente como para que el lector pueda atar cabos por sí mismo. Después, aprovecha las palabras que te quedan para pintar más imágenes mentales. Si cada imagen vale mil palabras, tus palabras florecerán como semillas en un campo.

Suelta la piedra que arrastras

La Cruz de Ferro es uno de los lugares centrales del Camino para muchos peregrinos. Se trata de una cruz en el punto más alto del Camino, más o menos a unas dos semanas de viaje de Santiago de Compostela. La cruz está encima de una montaña de piedras que cada día se hace más alta. La tradición es que los peregrinos empiecen el Camino con una piedra que sueltan cuando llegan a la Cruz de Ferro. Cada peregrino sigue el ritual de añadir su piedra al montículo. Muchos hacen una oración.

Muchos peregrinos hacen el Camino para ayudarles a superar algún problema que los sobrecarga. Para algunos se trata de la pérdida de alguien querido. Para otros, la idea es liberarse de bagaje indeseado que llevan a cuestas. Algunos peregrinos les cuentan su objetivo a otros para que puedan ayudarles. Otros lo mantienen en secreto. Los peregrinos aprenden a no preguntar.

Muchos peregrinos compartieron su experiencia en la Cruz de Ferro conmigo. Jonathan, de Irlanda, me dijo esto: «Dejar una piedra detrás en algún momento de la caminata fue realmente inspirador. Me hice estas preguntas: ¿Puedo dejar los pensamientos atrás? ¿Puedo dejar los problemas atrás? ¿Cómo me enfrento a los desafíos antes de poder liberarme de todo esto?». Leah, una estadounidense, me lo explicó así: «Pude ser capaz de liberarme de muchas cosas a las que nunca debería haberme aferrado. Pude aligerar mi carga y seguir sobreviviendo al camino que tenía por delante. Mi mochila se convirtió en una metáfora de mis responsabilidades. Fui capaz de distinguir lo que realmente no era mi responsabilidad o lo que necesitaba para estar en paz en mi vida». Wendy, de Australia, explicó su experiencia de esta forma: «En la Cruz de Ferro advertí que las piedras que se habían depositado alrededor de la cruz estaban cargadas de significado, y que muchos teníamos muchas cosas que debíamos dejar atrás o de las que teníamos que deshacernos para poder seguir adelante. Y las piedras representaban ese "miedo" o "negatividad" que dejábamos atrás».

Deb, de Australia, me contó su historia sobre el Camino y se me quedó grabada en la mente: «¿Que por qué hago el Camino de Santiago? Hace diecinueve meses mi marido me dejó. Hubo momentos en los que pensaba que todo se había acabado, que no podía vivir sin él. Y entonces oí hablar del Camino de Santiago en Europa y en cómo volvías convertido en una persona completamente distinta. Así que pensé que podría quitarme a mi ex de mi mente y de mi corazón. Reservé vuelos y alojamiento y esperé seis meses, investigando a fondo y leyendo sobre las experiencias personales de los demás. Fue entonces cuando me di cuenta de que ese camino tenía que ver *conmigo*, no con él. Tuve que demostrarme que no le necesitaba, ni a él ni a su aprobación. Y fue en aquel momento cuando vi que podía hacerlo yo sola, sin ayuda. Este viaje me hizo salir de mi zona de confort y me lo pasé en grande».

Yo empecé mi Camino como una aventura viajera más. Pero, al final, el Camino también acabó por surtir su efecto en mí. La piedra que dejé en ese montón representaba dos cargas que me habían estado entorpeciendo, tanto personal como profesionalmente, desde hacía un par de años. Y solo cuando me liberé de ellas advertí lo mucho que pesaban.

CÓMO APLICAR ESTO EN EL MUNDO LABORAL:

▸ *Sé consciente de tu bagaje*: todos tenemos bagaje que nos frena, tanto en nuestra vida profesional como personal. Un mal hábito que queremos dejar. Un miedo al que nunca nos hemos enfrentado. Una pérdida que no podemos superar. Una relación tóxica de la que no podemos escapar. Sea cual sea nuestro bagaje, el primer paso para librarnos de él es identificarlo.

▸ *Pesa tu bagaje*: el paso siguiente es evaluar cómo influye en ti y en los demás esa carga. ¿Cómo condiciona tu comportamiento? ¿Intentas ocultarla? ¿Qué haces de forma distinta ahora que no hacías antes de tener que llevarla encima? ¿Cómo influye ese comportamiento en tu vida y en tu trabajo? ¿Cómo afecta a los que te necesitan, tanto laboral como personalmente?

▸ *Suelta tu bagaje*: la mejor forma de mejorar tu liderazgo es mejorar tú como persona. Comprométete a soltar la piedra que arrastras. Márcate una fecha límite. Ten claro cómo sabrás que lo has conseguido.

▸ *Encuentra tu propia Cruz de Ferro*: si has intentado soltar tu bagaje sin éxito, ¿por qué no pruebas con una aventura como el Camino? El Camino es el agente de cambio más efectivo que he vivido. Nunca más he vuelto a ver la carga que dejé en esa montaña de piedras.

PARTE IV

COMPARTIR EL CAMINO

El Camino cerca de Ganso, España.

CAPÍTULO 14

Encuentra tu propio Camino

LOS PEREGRINOS SE CONVIERTEN EN EMBAJADORES DEL CAMINO CUANDO vuelven al mundo «real» y animan a los demás para que lo hagan. Terry, de Inglaterra, cuenta lo siguiente: «Siempre que se me presenta la ocasión comparto mis experiencias del Camino… El Camino me da la sensación de que tengo un sentido». Jodi, de los Estados Unidos, anima a otros de este modo: «Puedes hacerlo… El mayor obstáculo que tendrás que superar es tu mente. ¡Eres más fuerte de lo que jamás podrías imaginarte!». Maryanne, de los Estados Unidos, compartió su historia de esta forma: «Cuando la gente descubre que he hecho el Camino, me miran con asombro; me hace mucha gracia. Cualquier persona puede hacerlo. Solo tienes que quererlo de verdad y buscar tiempo para acometerlo». Stephen, de Inglaterra, me contó esto: «Los demás no se podían creer que yo hubiera hecho el Camino. Algunos de mis amigos se han empezado a plantear seriamente intentarlo ellos. Yo también creo que cualquier persona de mi edad puede hacerlo, si tiene el tiempo suficiente».

No todo el mundo puede tener un mes de vacaciones o caminar veinticuatro kilómetros al día. Incluso si no puedes hacer el Camino, hay otras formas de conseguir los mismos beneficios buscando nuevos modos de aprender las lecciones que ofrece. Estas son las seis cosas que hacen que el Camino sea una aventura transformadora.

1. Tiempo a solas para el autoexamen: un recorrido como el Camino te da sobradas oportunidades para pasar tiempo a solas. Si quieres alejarte de la gente, puedes limitarte a caminar más rápido o más lentamente y dejar que los demás sigan a su ritmo. Con la tecnología de la comunicación de hoy en día, el tiempo a solas también implica apagar tu teléfono móvil para evitar las distracciones. Viajar por lugares remotos y con poca cobertura telefónica también ayuda, ya que te quita la tentación de responder al teléfono. Además, supone una buena excusa para no tener que estar disponible en todo momento. En cuanto tengas tiempo a solas, te resultará mucho más fácil reflexionar sobre ti y sobre tu vida.

Consejo: Busca aventuras que te hagan desconectar del trabajo y del resto de tu vida durante algunas horas. Viajar e ir a lugares remotos va muy bien para esto. Otras actividades donde no puedas distraerte (como, por ejemplo, conducir un vehículo a motor) también pueden ser útiles.

2. *Interacciones fáciles con desconocidos*: el Camino ofrece muchas oportunidades para conocer a gente nueva. Los peregrinos del Camino van conociéndose entre ellos cada día mientras andan, en las paradas para comer y beber, ante las vistas del entorno y cada noche en los albergues. Cada una de estas nuevas interacciones es una oportunidad de tener una conversación con alguien con un trasfondo muy distinto al tuyo.

Consejo: Busca aventuras que te lleven a interactuar fácilmente con desconocidos. Quizá te interesen más algunas opciones de transporte, como cruceros o trenes, antes que conducir solo. Los viajes en grupo también pueden ser una buena opción.

3. *Compartir desafíos produce compañerismo*: superar el desafío físico compartido del Camino crea compañerismo entre los peregrinos. Unos pocos días después de empezar el Camino, cada peregrino ya tiene «batallitas» que contar y consejos que compartir, con lo que es fácil conectar con otros peregrinos. Estas historias y

consejos también ayudan a fomentar un espíritu de camaradería con los peregrinos que ya han hecho el camino o que lo harán en un futuro. Esta camaradería supone la diferencia entre sentir que estás *haciendo* algo y sentir que eres *parte* de algo.

Consejo: Busca aventuras cuya finalidad sea lograr un objetivo en grupo. Los intereses compartidos en cosas como historia, genealogía, deportes de equipo, grupos de antiguos alumnos y otros pueden transmitir una sensación de compañerismo natural.

4. *Un recorrido bien definido*: el Camino está muy bien marcado e indicado a lo largo de todo su trazado. Eso libera a los peregrinos de tener que estar consultando el mapa constantemente y les permite disfrutar mejor de la experiencia. Y las señales indicadoras no son solo marcas físicas a lo largo del camino: las guías también pueden ofrecer mapas e indicaciones de mucha utilidad. Además, su simple existencia indica que hay suficiente gente viviendo la experiencia.

Consejo: Busca aventuras organizadas y bien documentadas. Si no puedes encontrar una guía o un sitio web sobre una posible aventura, replantéatelo.

5. *Un logro significativo para confiar más en ti mismo*: hacer el Camino durante un mes supone entrar en un club exclusivo de personas que han cruzado a pie un país grande. He oído hablar de personas que han cruzado los Estados Unidos a pie y me he quedado impresionado, pero yo nunca me he planteado hacerlo, puesto que son necesarios varios meses para conseguirlo. Busca una aventura que parezca una hazaña impresionante y que te ayude a convencerte de que puedes conseguir cosas aparentemente imposibles si te lo propones con todas tus fuerzas.

Consejo: Busca aventuras en un contexto en los que empezarlas y acabarlas parezca un logro impresionante. Por ejemplo, cruzar España a pie suena mucho mejor que pasarse un mes caminando ochocientos kilómetros por un lugar cualquiera.

6. *Una experiencia transcendente para la inspiración*: muchas personas hacen el Camino para encontrar inspiración religiosa. Muchos otros se inspiran en su aspecto histórico. Una buena aventura debería tener algún tipo de inspiración que no tengas normalmente en tu día a día. Puede ser la espectacular belleza de la naturaleza, una historia apasionante o los lazos familiares. Sea lo que sea, deberías conectar con tu aventura a un nivel profundo para poder estar abierto a todos sus beneficios.

Consejo: Busca aventuras que te ayuden a evadirte de tu existencia diaria.

La combinación de todas estas características hace que el Camino sea una aventura transformadora. Si no puedes hacer el Camino, ¿qué otras experiencias pueden ofrecerte algunas de estas prestaciones, o todas ellas?

Embárcate en una aventura que sí puedas hacer: si atravesar un país a pie no va contigo, plantéate cruzarlo de otras formas. Puedes hacerlo en coche, en tren o en bicicleta. Incluso puedes hacerlo en barco. Hay muchas formas de viajar y, si te lo propones, todas pueden incluir algunos de los elementos anteriores.

Busca aventuras que ya están en tu vida: quizá ya estás viviendo una aventura en una parte de tu vida y puedas centrarte más en ella. Cosas como criar a tus hijos, cuidar de tus seres queridos, volver a estudiar o volver a entrar en el mundo laboral son aventuras que la gente vive cada día. Si estás en una aventura como esta, piensa en cómo puedes sacarle algunos de estos seis elementos a la experiencia.

Observa un recorrido desde dentro: a veces, la manera de experimentar un camino o un recorrido es plantarte en algún punto y observar las aventuras de los demás. Algunas personas experimentan el Camino ofreciéndose como voluntarios para trabajar en uno de los albergues durante una semana o más. Allí conocen a muchos peregrinos de todo el mundo sin tener que salir a andar. Trabajar como voluntario en otros lugares que ayudan a las personas que lo necesitan también puede suponer una aventura transformadora.

Si ahora estás planteándote embarcarte en una aventura como el Camino, hay una última cosa que deberías saber. Tu aventura comienza el día en que empiezas a pensar en ella. Así que permíteme ser el primero en decirte esto: «¡Buen Camino!».

Epílogo

SI IMAGINÁRAMOS EL CAMINO DE SANTIAGO COMO UNA ORGANIZACIÓN, se consideraría que muy pocas han podido igualar su éxito. Sigue prosperando mil años después de su nacimiento. ¿Cuántas organizaciones de hoy en día (como ciudades, países o religiones) siguen prosperando pasados mil años? Si el «Club del Milenio» tuviera una reunión anual de miembros, el Camino estaría en un grupo muy exclusivo.

A primera vista, uno de los motivos del éxito del Camino ha sido lo clara y coherente que es su misión. El Camino de hoy sigue teniendo el mismo propósito que tuvo en sus orígenes, hace mil años. Conecta a peregrinos de todo el mundo con el santuario del Apóstol Santiago en la esquina noroeste de España. Aunque la tecnología de transporte ha evolucionado enormemente en los últimos mil años, el Camino no ha cambiado demasiado.

Si lo analizamos en más profundidad, el secreto para el éxito del Camino ha sido su capacidad de suplir una demanda que ha permanecido durante centurias: la peregrinación. El peregrinaje ha cambiado mucho a lo largo de los siglos, pero nunca ha desaparecido. Al inicio del Camino, los peregrinos eran personas que perseguían una epifanía religiosa y que viajaban con el medio de transporte más disponible: a pie. A lo largo del tiempo, el recorrido en sí mismo empezó a formar parte de la recompensa o a ser casi totalmente el objetivo. El turismo, la sed de aventuras, el autodescubrimiento y otros deseos se convirtieron en motivaciones de la peregrinación. Al responder a estas necesidades, el Camino encontró una fuente constantemente renovada de clientes muy diversos. Chris, de los Estados Unidos, lo resumió de la forma siguiente: «Una de las mejores cosas que he escuchado en el Camino fue algo que me comentó un sacerdote irlandés. Me dijo que todo el mundo pregunta a los demás por qué han decidido hacer el Camino, pero en realidad están equivocados. Es el Camino quien los ha elegido a ellos».

El Camino me eligió a mí, del mismo modo que ha elegido a millones de personas a lo largo de los siglos. Me tentó con sus atractivos turísticos y de aventura, y acabó dándome el autodescubrimiento que sabía que yo necesitaba.

Gracias por dejarme compartir la historia de mi Camino contigo. Espero que encuentres tu Camino… o que tu Camino te encuentre a ti.

Apéndice A

Qué tienes que saber
si quieres hacer el Camino

SI TRAS LEER ESTE LIBRO TE HAS EMPEZADO A PLANTEAR HACER EL CAMINO, hay mejores libros que este para prepararte para la parte logística. La guía del Camino escrita por John Brierley me pareció la más popular entre los peregrinos con los que caminé, o al menos entre los que prefieren los libros en inglés. Yo la utilicé y la recomiendo encarecidamente. Te ofrece casi todo lo que necesitas para los preparativos previos y para guiarte mientras haces el Camino.

Yo te *ayudaré* a decidir si vale la pena invertir en una guía del Camino. Recibo preguntas de personas que leen sobre mi experiencia en el Camino y se están planteando hacerlo ellas. Las preguntas más frecuentes suelen estar centradas en si les sería posible hacer el Camino. Aquí he recopilado las diez preocupaciones más usuales que he oído y mis respuestas a ellas.

1. «Yo no puedo caminar tanto». A menudo la gente se queda sorprendida cuando oyen que caminar veinticuatro kilómetros al día es una media normal en el Camino. Es como caminar más de media maratón cada día. La clave aquí es que los peregrinos tienen todo el día para cubrir esa distancia. Una persona normal camina casi cinco kilómetros en una hora, así que un día normal en el Camino implica andar unas cinco horas a ese ritmo. Incluso si añades el tiempo para descansar y si caminas a un ritmo más lento porque vas con una mochila, todavía te queda tiempo libre de sobras cada día, siempre que empieces por la mañana.

2. *«No puedo tomarme un mes entero libre».* Si quieres hacer el Camino entero a través de España de cabo a rabo, necesitas un mes libre, o más. Aun así, para solucionarlo, muchos peregrinos hacen el Camino por partes. Algunos están una o dos semanas cada vez. La mayoría camina solo los últimos cien kilómetros hasta llegar a Santiago, que es la distancia mínima necesaria para obtener la Compostela.

3. *«No me lo puedo permitir».* La mayoría de las personas saben si pueden permitirse el coste de una aerolínea o de otros medios de transporte para llegar al Camino. Lo que no saben es si podrán pagar hoteles durante un mes entero. El secreto del Camino es que hay hostales de bajo precio disponibles a lo largo de todo el Camino y que solo están abiertos para los peregrinos. Estos hostales, también llamados albergues, normalmente solo cobran un precio mínimo por dormir y hacen comidas adaptadas al presupuesto de los peregrinos. Algunos incluso ofrecen un servicio gratuito a los peregrinos que no pueden pagar. Por otro lado, este tipo de alojamiento no suele ser más que un espacio en una litera en una habitación compartida con lavabos compartidos.

4. *«No hablo español».* Como en la mayoría de los lugares que dependen del turismo en la parte occidental de Europa, las personas que atienden a los turistas casi siempre hablan un poco de inglés. Irónicamente, yo sí que hablo español, pero casi nunca tuve que usarlo porque en todo el Camino se hablaba inglés. Esto no fue porque la mayoría de los peregrinos fueran angloparlantes, sino porque los peregrinos vienen de muchos países distintos y hablan diferentes idiomas. Como el inglés es la segunda lengua más común, la mayoría de las conversaciones que oí entre personas de diferentes países eran en inglés.

5. *«No soy religioso».* El Camino empezó por motivos religiosos y sigue estando estrechamente relacionado con la Iglesia católica romana. La mayoría de los principales lugares turísticos son iglesias.

Aun así, no hay ningún requisito religioso o prohibición para poder ser peregrino en el Camino. Puedes ser de cualquier religión o no pertenecer a ninguna. Si quieres evitar la religión, puedes decidir no entrar en las iglesias. También puede evitar quedarte en los albergues en los que las oraciones o los servicios religiosos son parte del motivo de sus generosos precios. Tu Camino puede tener tanta religión (o tan poca) como tú quieras. Lo único que tienes que hacer es ser respetuoso con los demás en tu viaje, especialmente con los peregrinos que hacen el Camino por motivos religiosos.

6. *«No puedo viajar solo»*. Muchas personas hacen el Camino sin compañía. La estructura del Camino hace que sea distinto a unas vacaciones turísticas típicas en Europa. Los peregrinos van formando una comunidad a lo largo del trayecto y generalmente intentan ayudarse unos a otros. Aquellos que empiezan o terminan el recorrido juntos forman algo parecido a una comitiva que suele dormir y comer en los mismos lugares y a la vez. La experiencia compartida como peregrinos hace que sea fácil conocer a gente nueva y formar amistades.

7. *«No me gusta viajar en grupo»*. Aunque el Camino puede ser una experiencia grupal muy social, no tiene por qué serlo. Es fácil ser completamente independiente de otros peregrinos si eso es lo que quieres. No hace falta esforzarse demasiado para poder evitar a los demás. Si te limitas a ir más rápido o más lento durante un día, acabarás rodeado de una comitiva completamente distinta de peregrinos.

8. *«No puedo hacer los tramos de subida más escarpada»*. Para aquellos que empiezan en Francia, la subida de los Pirineos (las montañas que forman la frontera con España) es un obstáculo importante justo al inicio de su recorrido. Una vez que se ha dejado atrás ese tramo, hay muy pocos días en los que haya subidas escarpadas. Puedes evitarlas empezando después de los Pirineos (por ejemplo, en Pamplona), saltándote algunos tramos o usando otros

medios de transporte. Yo empecé en Pamplona. Cada opción tiene sus partes positivas y negativas. Puede que tengas la sensación de que estás tomando atajos y de que te estás perdiendo la experiencia completa del Camino. Quizá también acabes adelantando o dejando atrás al grupo de peregrinos que iban contigo. La única parte que tienes que caminar por completo son los últimos cien kilómetros si quieres obtener la Compostela. Si los tramos empinados son lo que te retiene para empezar o terminar el Camino, haz lo que sea necesario. Yo no me arrepiento de mi decisión de saltarme los Pirineos; esto formó parte de mi decisión general de ser valiente y empezar el Camino. Ya haré esa etapa en otro Camino.

9. *«No quiero compartir alojamiento con desconocidos»*. La mayoría de los peregrinos pasa al menos una noche en un albergue en una habitación y un lavabo compartidos. Muchos lo hacen para aprovechar su bajo coste. Otros lo hacen porque forma parte de la experiencia del Camino. En algunos casos, puede que no haya otra alternativa. Muchos peregrinos no han compartido antes alojamiento con otros en sus viajes, pero acaban superando esta mentalidad sobre la necesidad de tener una habitación privada, así que quizá tú también seas capaz. Personalmente, yo admito que no lo hice así. Reservé una habitación privada por adelantado en todo mi recorrido por el Camino. Fue una buena experiencia, pero conllevó mucho trabajo y me hizo estar atado a un itinerario rígido. Mis amigos peregrinos bromeaban conmigo y me decían que me había perdido esa parte de la experiencia del Camino. Pero ese fue uno de los motivos que me hicieron ser lo suficientemente valiente como para empezar el Camino, así que no lo cambiaría. En mi siguiente Camino, me alojaré en habitaciones compartidas al menos durante unos días.

10. *«Tengo que estar disponible»*. Si tienes que estar disponible las veinticuatro horas del día, siete días a la semana, incluso cuando estás de vacaciones, el Camino no es para ti. Gran parte del Camino

transcurre por parajes rurales remotos que van de un pueblo a otro. Si vienes de fuera del país, posiblemente estarás en una zona horaria distinta a la de tu casa y tu oficina. Además, seguramente echarías a perder tu propio Camino y molestarías a los demás peregrinos si trabajaras mientras caminas. Pero si solo tienes que ir controlando las cosas de vez en cuando, puedes hacerlo. Lo normal es que haya wifi en los lugares de descanso para comer y dormir. Si necesitas más conexión que esta mientras estás de vacaciones, me gustaría sugerirte que te centraras en el «por qué» en vez del «cómo» cuando te pongas a planificar tus vacaciones.

Si sigues pensando en hacer el Camino, aquí tienes algunas sugerencias para ayudarte más en la planificación.

▸ *Cuándo empezar*: planificar los plazos del Camino es muy parecido a como lo harías con cualquier otro viaje de vacaciones a Europa. Los meses de verano son los que están más masificados y cuando hace más calor; si es posible, intenta no hacerlo en ese tiempo, especialmente en agosto. También es buena idea evitar los meses de invierno, ya que las temperaturas pueden bajar incluso de forma peligrosa, especialmente en las montañas y en lugares elevados. Tampoco conocerás a muchos peregrinos. Además, algunos albergues cierran por temporada. Seguramente el mejor momento para ir es en otoño, ya que las temperaturas suelen ser más agradables. Todavía hay gente suficiente como para que los albergues estén abiertos, y así también podrás conocer a otros peregrinos. También puede ser bueno hacerlo a finales de primavera.

▸ *Qué recorrido hacer*: el Camino tiene muchas rutas distintas por toda España según dónde se empiece. La más popular es el Camino francés, que cruza la parte norte de España en un arco que conecta Pamplona, Burgos y León hasta llegar a Santiago. La salida suele hacerse tradicionalmente desde San Juan Pie de Puerto, en el lado francés de los Pirineos. Además, hay otros caminos menos transitados y con menos lugares donde alojarse y comer. Como peregrino novato en el Camino, hice el Camino francés para empezar, pero la próxima vez me gustaría probar el Camino portugués.

▸ *Dónde empezar*: decidir dónde empezar depende de la duración de tu viaje y de tu objetivo. Si quieres terminar en Santiago, obtener una Compostela y solo tienes una semana, seguramente deberías empezar cerca de Sarria. A partir de ahí es donde el Camino empieza a estar más transitado, ya que muchos grupos empiezan desde ahí, especialmente los de españoles. Para las personas que llevan caminando varias semanas antes de llegar ahí, el cambio en el volumen de personas puede suponer un cambio desagradable. Si solo tienes una semana y simplemente quieres hacer la mejor parte del viaje, te sugeriría que hicieras la semana antes de llegar a Sarria o la primera semana, a partir de San Juan Pie de Puerto. Así evitas gran parte de las llanuras de la meseta, que es la parte con menos paisajes del recorrido. Si tienes un mes entero, empezar en San Juan Pie de Puerto te dará la «experiencia completa del peregrino» cruzando los Pirineos.

▸ *Cómo planificar*: irónicamente, unas vacaciones de un mes entero llevan mucho trabajo de planificación. La mejor forma de empezar es decidiendo algunas cosas sobre las opciones principales del Camino. Para empezar, puedes hacerlo solo o en grupo. Hay muchas agencias que organizan el viaje y se encargan de todos los detalles. Si estás dispuesto a pagar por el servicio, un viaje en grupo puede ser una buena forma de convencerte para ir. La siguiente gran decisión es el viaje en avión. Puedes comprar un billete de ida y de vuelta, con lo que ya fijas los días. Otra opción es reservar el viaje con dos billetes de ida, con lo que quizá tengas más flexibilidad. La gran decisión final es reservar o no alojamiento para pasar la noche. Hacerlo implica mucho trabajo y te ata a un itinerario fijo, pero puede librarte del estrés al que se enfrentan algunos peregrinos en las temporadas de más ajetreo, cuando algunos albergues están completos.

Espero que todo esto te haya sido útil. ¡Buen Camino!

Apéndice B

El Camino hoy en día

¿CUÁNTOS PEREGRINOS HACEN EL CAMINO? DESDE 1986, LA CATEDRAL DE Santiago lleva registrando los datos estadísticos del número de peregrinos que completan el Camino y obtienen la Compostela. El número total de Compostelas expedidas ha ido aumentando constantemente, desde las 2.491 de 1986 hasta las 262.458 de 2015.[1] Cada cinco años, más o menos, cuando se da el Año Santo Jacobeo, el número de peregrinos aumenta drásticamente, pero al año siguiente se vuelve al crecimiento normal.

¿Cuántos peregrinos han hecho el Camino? Desde 1986 se han expedido 2,8 millones de Compostelas a peregrinos del Camino que han completado al menos los últimos cien kilómetros a pie o los últimos doscientos en bici.[2] Un 90 % de los peregrinos que recibieron una Compostela en 2015 recorrieron el Camino a pie, mientras que el resto lo hizo en bicicleta.[3] La mitad de esas Compostelas se emitieron en los últimos siete años de ese periodo de treinta años.

¿De dónde vienen los peregrinos? La nacionalidad de los receptores de la Compostela hoy en día está formada a partes iguales por españoles y extranjeros, aunque desde 2012 los extranjeros son un grupo ligeramente más numeroso y que va en aumento.[4] La mayoría de los peregrinos no españoles provienen de otros países de Europa.

¿Cuántos estadounidenses hacen el Camino? Los peregrinos de los Estados Unidos son una porción pequeña del total pero que va en aumento. Desde que se estrenó la película estadounidense *The Way*, en 2010, la proporción de Compostelas estadounidenses ha sido una media de un 2,5 del total, cuando anteriormente suponía un 0,8 %.[5] Si asumimos que un 0,8 % de las 1.039.102 Compostelas expedidas desde 1986 hasta 2006 fueron para los peregrinos estadounidenses, eso implicaría que más o menos se emitieron unas 8.000 Compostelas para los ciudadanos de los Estados Unidos.[6] Durante el periodo de 2007-2015, cuando empezaron a recopilarse las estadísticas por país, se emitieron 27.569 Compostelas a ciudadanos estadounidenses.[7] Por lo tanto, eso implica que se han expedido un total de unas 35.000 Compostelas a ciudadanos estadounidenses desde 1986 hasta 2015. Como los Estados Unidos cuentan con una población de algo más de 300 millones de habitantes, esto implica que 1 de cada 10.000 ciudadanos estadounidenses había obtenido una Compostela en 2015.[8] La presencia de estadounidenses en el Camino sigue creciendo vertiginosamente, ya que ha pasado de un 2 % en 2011 hasta un 5,2 % en 2015.[9]

¿Quiénes son los peregrinos? Los receptores de las Compostelas son a partes iguales hombres y mujeres, aunque esto es así solo después de un pronunciado crecimiento en la participación femenina desde principios de los 90, cuando los hombres casi duplicaban el número de mujeres.[10] Un 55 % de Compostelas se emitió a personas de entre 30 y 60 años durante la última década. Un 30 % fue para personas de menos de 30 años, y un 15 % se expidió a personas de más de 60 años.[11] En 2015, un 19 % de las Compostelas se concedieron a estudiantes, un 12 % a jubilados y el resto se repartió entre varias ocupaciones distintas. Muchos de estos estudiantes formaban parte, seguramente, de viajes escolares de España.

¿Por qué motivo hacen el Camino los peregrinos? Un 40 % de los peregrinos que han recibido una Compostela durante los últimos diez años han indicado que su motivación para hacer el Camino ha sido religiosa. Entre un 5 y un 9 % han indicado que su motivación es cultural, y el resto ha indicado que se trata de una mezcla de ambas cosas.[12]

Fuentes

American Pilgrims on the Camino, 120 State Avenue NE #303, Olympia, WA 98501. www.americanpilgrims.org.

Barbara Kreutz, *Before the Normans: Southern Italy in the Ninth and Tenth Centuries*, versión para Kindle (University of Pennsylvania Press, 1996.)

Camino Society Ireland. 36 Upper Baggot Street, Dublín 4. D04 R6Y6. Irlanda. www.caminosociety.ie.

Constance Mary Storrs, *Jacobean Pilgrims from England to St. James of Compostela: From the Early Twelfth to the Late Fifteenth Century* (Confraternity of Saint James, 1998).

David M. Gitlitz y Linda Kay Davidson, *The Pilgrimage Road to Santiago: The Complete Cultural Handbook*, edición para Kindle (Nueva York: St. Martin's Griffin, 2000).

Diana Webb, *Medieval European Pilgrimage*, c. 700-c.1500 (Nueva York: Palgrave, 2002).

Domenico Laffi, *A Journey to the West: The Diary of a Seventeenth-Century Pilgrim from Bologna to Santiago de Compostela; Translated, with a Commentary by James Hall* (Leiden: Primavera Pers, y Conselleria de Cultura e Comunicacion Social, Xerencia de Promocion do Camino de Santiago, 1997).

John Adams (autobiografía), tercera parte, *Peace*, 1779-1780, hoja 11 de 18, 28 de diciembre de 1779-6 enero de 1780, http://www.masshist.org/digitaladams/archive/doc.

Oficina de Acogida al Peregrino, Catedral de Santiago, Rúa Carretas, n.º
33. 15705 Santiago de Compostela. A Coruña, España. www.oficina-
delperegrino.com.

The Pilgrimage to Compostela in the Middle Ages, editado por Maryjane
Dunn y Linda Davidson (Nueva York y Londres: Routledge).

Notas

Capítulo 1

1 Constance Mary Storrs, *Jacobean Pilgrims From England to St. James of Compostela: From the Early Twelfth to the Late Fifteenth Century* (Confraternity of Saint James, 1998), pp. 32-33.

2 Me gusta la perspectiva que ofrece Maryjane, una profesora de los Estados Unidos, sobre los restos de Santiago: «Si las personas no tienen ningún concepto de quién fue Santiago y por qué se desarrolló la peregrinación, entonces podrían dedicarse a hacer el sendero de los Apalaches perfectamente. No tienes por qué "creer" en la eficacia de la peregrinación o en que los huesos del santo están realmente ahí, pero, por el amor de Dios, dedícate a pensar un poco en lo que estás haciendo y en por qué otros lo han hecho antes que tú».

3 Storrs, p. 33.

4 *The Pilgrimage to Compostela in the Middle Ages*, editado por Maryjane Dunn y Linda Davidson (Nueva York y Londres: Routledge) p. xxiv.

5 Diana Webb, *Medieval European Pilgrimage*, c. 700-c.1500 (Nueva York: Palgrave, 2002), pp. 3-4.

6 Webb, p. 1.

7 Webb, p. 3.

8 Webb, p. 11.

9 Webb, p. 12.

10 Webb, p. 12.

11 Webb, p. 12.

12 Barbara Kreutz, *Before the Normans: Southern Italy in the Ninth and Tenth Centuries* (University of Pennsylvania Press, 1996), versión para Kindle, posición 821 de 5733.

13 Kreutz, posición 816 de 5733.

14 Storrs, p. 33.

15 Storrs, p. 32.

16 Webb, p. 13.

17 Webb, p. 13.

18 Storrs, p. 33.

19 Storrs, p. 34.

20 Storrs, p. 35.

21 Storrs, p. 37.

22 Storrs, pp. 39-40.

23 Webb, p. 23.

24 Webb, p. 24.

25 Webb, p. 35.

26 Storrs, p. 42.

27 Dunn y Davidson, p. xxvii.

28 Storrs, p. 46.

29 Storrs, p. 42.

30 Storrs, p. 57.

31 Storrs, p. 56.

32 Storrs, p. 60.

33 Domenico Laffi, *A Journey to the West: The Diary of a Seventeenth-Century Pilgrim from Bologna to Santiago de Compostela; Translated, with a Commentary by James Hal* (Leiden, Países Bajos: Primavera Pers, y Conselleria de Cultura e Comunicacion Social, Xerencia de Promocion do Camino de Santiago, 1997), p. 113.

34 Gitlitz y Davidson, posición 4710 de 11301.

35 Dunn y Davidson, pp. xxvi-xxvii.

36 https://oficinadelperegrino.com/estadisticas/.

37 Gitlitz y Davidson, posición 7475 de 11302.

38 Webb, p. 42.

39 Gitlitz y Davidson, posición 7475 de 11302.

40 Gitlitz y Davidson, posición 7475 de 11302.

41 John Adams (autobiografía), tercera parte, *Peace*, 1779-1780, hoja 11 de 18, 28 de diciembre de 1779-6 enero de 1780, http://www.masshist. digitaladams/archive/doc.

42 Dunn y Davidson, p. xxxiii.

43 Dunn y Davidson, p. xxxiii.

44 Dunn y Davidson, p. xxxiv.

45 http://www.americanpilgrims.org/assets/media/statistics/apoc_redentials_by_year_07-15.pdf.

46 https://oficinadelperegrino.com/estadisticas/.

Capítulo 3

1 David M. Gitlitz y Linda Kay Davidson, *The Pilgrimage Road to Santiago: The Complete Cultural Handbook*, edición para Kindle (Nueva York: St. Martin's Griffin, 2000), posición 3898 de 11301.

2 Laffi, p. 151. Cita usada con permiso.

Capítulo 8

1 http://www.caminosociety.ie/caminos/beatitudes.403.html.

Capítulo 9

1 Laffi, p. 142. Cita usada con permiso.

2 «Brokaw Addresses Graduates' Futures», *The Summer Pennsylvanian*, 23 de mayo de 1996, p. 3. http://www.library.upenn.edu/docs/kislak/dp/1996/1996_05_23.pdf.

Capítulo 13

1 https://oficinadelperegrino.com/estadisticas/.

Apéndice B

1 http://www.americanpilgrims.org/assets/media/statistics/compostelas_by_year_86-15.pdf.

2   http://www.americanpilgrims.org/assets/media/statistics/compostelas_
    by_year_86-15.pdf.

3   https://oficinadelperegrino.com/estadisticas/.

4   https://oficinadelperegrino.com/estadisticas/.

5   http://www.americanpilgrims.org/assets/media/statistics/apoc_
    credentials_by_year_07-15.pdf.

6   http://www.americanpilgrims.org/assets/media/statistics/apoc_
    credentials_by_year_07-15.pdf.

7   http://www.americanpilgrims.org/assets/media/statistics/apoc_
    credentials_by_year_07-15.pdf.

8   http://www.americanpilgrims.org/assets/media/statistics/apoc_
    credentials_by_year_07-15.pdf.

9   http://www.americanpilgrims.org/assets/media/statistics/us_percent_
    total_compostelas_07-15.pdf.

10 http://www.americanpilgrims.org/assets/media/statistics/compostelas_
    by_sex_91-15.pdf.

11 http://www.americanpilgrims.org/assets/media/statistics/compostelas_
    by_age_06-15.pdf.

12 https://oficinadelperegrino.com/estadisticas/.

Índice

diversidad, de peregrinos, 132
documentarse para un nuevo puesto, 88-89
Donal (de Irlanda)
   sobre el impacto de la peregrinación en el Camino, 127-128
   sobre ganar confianza en uno mismo, 134-135
   sobre los «ángeles guardianes» en el Camino, 90
duda, 158

edad, de receptores de la Compostela, 184
ejecutivos y empleados de cara al público, 150
ejemplificar las políticas, 56
El Negativo, 102
elecciones presidenciales de 2008, 42-43
empatía, 41, 95
empleados de cara al público y ejecutivos, 150
enfoque de «menos es más» en la comunicación, 161
Enrique II, rey, 9
época vikinga, 7
equipo de patinaje olímpico holandés, 97
equipo(s), 143-150
   días de servicio a otros en, 74-75
   identificar quién está en tu, 148
   nacionalidades como etiquetas en, 143-150
   reunir historias del pasado del, 92
   uniformes para, 149-150
Erik (de EE. UU.)

espíritu de predecesores, 81
   sobre placeres y desafíos, 24
Erikson, Leif, 7
errores, 33, 34, 100
Escuela de negocios Wharton de la Universidad de Pensilvania, xviii, 87
España
   leyenda de Santiago en, 5
   peregrinos cristianos en, 7
   peregrinos de, 9, 182, 183
   ver también nombres de ciudades y pueblos específicos
español, 178
espíritu del Camino, 17 *ver también por valores específicos*
estado de Nueva York, xvi
Estados Unidos, peregrinos de, 11, 183-184
Estella, España, 70
Estévez, Emilio, 11
estrés, 31-32
estropear la experiencia de otros, 112-115
Europa
   peregrinaciones en, 5-6
   viaje en bicicleta por, xvi, xvii
exceso de control, 62
experiencia(s) 112-115
   arruinar, de otros, 57-61
   centrarse en, 57-61
   compartir tus, 60-61, 75-78, 169
   fuera, en el trabajo, 137
   naturaleza única de tus, 119-121
   planificar para, 60

Facebook, 97, 106, 117, 148
familia
   como parte del equipo de trabajo, 148